図解でわかる
スタンフォードの
自分を変える教室

The Willpower Instinct
Based on a Wildly Popular Course at Stanford University

Kelly McGonigal
ケリー・マクゴニガル＝監修

大和書房

The Willpower Instinct (Illustrated Guide)
by Kelly McGonigal, Ph.D.

This edition published by arrangement with Avery,
a member of Penguin Group (USA) LLC, a Penguin Random House Company
through Tuttle-Mori Agency, Inc., Tokyo

図解でわかる

スタンフォードの自分を変える教室

Contents

Introduction

意志力を鍛えて目標を達成する

注意力や感情や欲望をコントロールする能力を「意志力」といいます。多くの人は意志力が弱いと感じていますが、意志力は鍛えることができます。

誰もが「意志力の弱さ」に悩んでいる

自分をコントロールできなければ、健康や経済的安定、人間関係、仕事に影響が出てしまう。そうはわかっていても、多くの人は自分を抑えられず、欲求に負けてしまいます。じつは、成功を妨《さまた》げているのは意志力の弱さというより意志力に関するまちがった思い込みです。

本書は、スタンフォード大学生涯学習プログラム「意志力の科学」の講座をもとに「どうしたら悪い習慣を捨てて健康的な習慣を身につけられるか」「物事を先延ばししないようになれるか」を説明します。そして、「私たちはなぜ誘惑に負けてしまうのか」「どうしたら誘惑に打ち勝つ強さが身につくのか」を科学的に解き明かし、意志力を鍛えるための最適な方法を紹介します。

科学と実践から導き出された答え

人気講座「意志力の科学」には、企業の役員や教師、スポーツ選手、医療従事者など幅広い層の人々が、禁煙やダイエット、節約などの具体的な目標をもって臨みました。講座終了後、受講生は意志力が強くなったことを実感し、自己コントロール力を伸ばす方法がわかりました。自分にとって重要な目標を追求する強さが身についたのです。

受講生たちは講座で紹介した方法を、実際の生活で試し、効果的だった方法を次々と報告してくれました。

本書は「最も優れた科学的見解」と、講座で行った「実践的なエクササイズ」を融合したものであり、受講生たちの叡智《えいち》も結集した内容になっています。

自分が目標を達成できないのは…

● 健康的な習慣が身につかない

● 物事を先延ばしにしてしまう

● 感情を抑えられない

● 欲求を抑えられない

意志力が弱いせいだと感じる

↓

● スタンフォード大学の講座「意志力の科学」で本当の理由を理解する

なぜ誘惑に負けてしまうのか…
意志力の科学
「どうにでもなれ効果」とは…

「意志力を鍛えるための方法」を科学的に解説します

Introduction

自分の失敗のパターンを知る

なぜ失敗してしまうのかを自分自身で理解することが、自己コントロールへの第一歩です。

やるべきことはわかっているのに なぜいつまでもやらないのか

自己コントロールを強化するための第一歩は、自分がなぜ、どのように自制心を失うのかを理解することです。「自分は意志が強い」と思っている人ほど、誘惑を感じたときに自制心を失いやすいことが研究でも明らかになっています。たとえば、禁煙を続ける自信が強い人ほど、しばらくするとまた吸ってしまいます。よせばいいのに、タバコを吸う人と出かけたりして、わざわざ自分の身を誘惑にさらすようなまねをします。そのくせ禁煙に失敗すると「まさか」とショックを受け、禁煙をあきらめてしまいます。それは、「自分がいつ、どこで、どうして失敗するか」をちゃんとわかっていないからです。

成功への第一歩は 自分の「失敗」について知ること

本書では、意志力の問題で誰もがつまずきがちな失敗例を紹介しています。つまり「私たちはどういうときに衝動に負けたり、やるべきことを先延ばしにしたりするのか」「失敗の原因は何なのか」ということです。

将来の自分を悲惨な運命から救うためには、自分の失敗のパターンを知り、それを成功への戦略に変える方法を知ることが大切です。

人間は誰でも誘惑や欲求に苦しんでいます。それは人間なら誰もが抱えている共通の悩みなのです。

この本を読み終えるころには、そのことがよく理解できるようになっているでしょう。

意志力の科学

● 「自分が失敗した瞬間」を振り返る

↓

● 自分の「失敗のパターン」が見えてくる

街中を歩く → ケーキ屋の前を通る → つい買ってしまう

↓

● 自分を知ることが、目標達成への第一歩！

失敗のパターンを知る → 対策を考える → 実行に移す

科学者として自分を観察する

自分のことをよく知るために、自分にはどの方法が適していて、効果的なのかを見きわめしょう。そのために、各章に2種類の課題を用意しています。

生活に当てはめて考える「マイクロスコープ」

自分自身を率直に見つめて取り組んでもらいたい課題のひとつは「マイクロスコープ（顕微鏡）」です。これはその章で説明するポイントが実生活に当てはまることを理解するためのものです。

まずは現状をありのままに見つめ、自分はどういうときに誘惑に負けやすいかに注目します。

また、自分が決めた意志力のチャレンジについて、自分にどんな言い訳や評価をしているかも検討します。顕微鏡を覗く科学者のようなつもりで、楽しみながら課題を行ってみましょう。

自己コントロールを強化する戦略「意志力の実験」

もうひとつの課題は、科学的な研究や理論に基づいた、意志力を強化するための実践的な戦略で、すぐに実生活に応用できるものです。

講座の受講生の多くが「効果的」だと認めた戦略ばかりです。

いろいろな戦略を試して、自分に役立つ方法を見つけましょう。

これは「試験」ではなく「実験」ですから、必ずしもうまくいかなくてもかまいません。気軽に取り組んでみてください。

自分を観察し、実験するための２つの課題

● マイクロスコープ（顕微鏡）　自分の行動を客観的にしっかりと観察します

自分の失敗のパターンなどを観察し、理解しましょう

● 意志力の実験　多くの人に効果があった方法を自分でも試してみます

結果を見ながら自分に合うように工夫してみましょう

あなたの「チャレンジ」を選んでください

意志力の問題であなたが取り組みたい課題をひとつ選んでみましょう。

取り組みたい課題を選んでください

意志力に関することで、あなたの取り組みたい課題は何でしょうか。すぐに見つからない場合は、下記の３つのチャレンジを参考にしましょう。

❶ やる力 のチャレンジ

やるべきなのにやっていないことや、
先延ばしにしてしまうことなどを「やる」力です。

❷ やらない力 のチャレンジ

食べ過ぎ、お酒の飲み過ぎ、喫煙など、
自分にマイナスなことを「やらない」力です。

❸ 望む力 のチャレンジ

自分にとって最も重要で長期的な目標を、
明確に「望む」力です。

本書の見方

各章の構成

各章では重要なポイントをひとつずつ取り上げ、科学的根拠を説明し、目標達成に役立てるための方法を説明していきます。

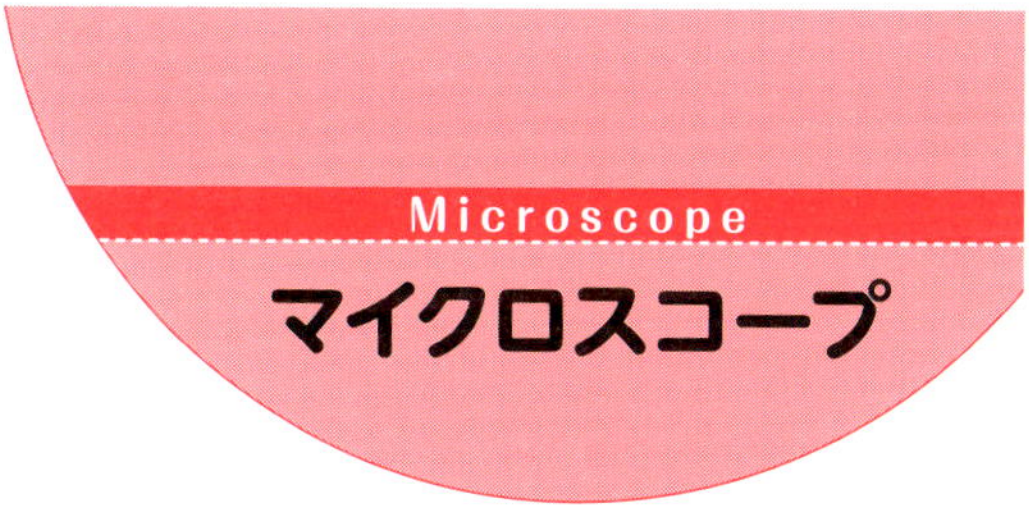

マイクロスコープ

その章で説明するポイントが、実際の生活にも当てはまることに気づくためのものです。科学者のように、好奇心をもって自分自身を観察しましょう。

意志力の実験

手を焼いている問題への解決策を見つけるのに効果的な実験です。自分にはどんな戦略が効果的かを見きわめましょう。

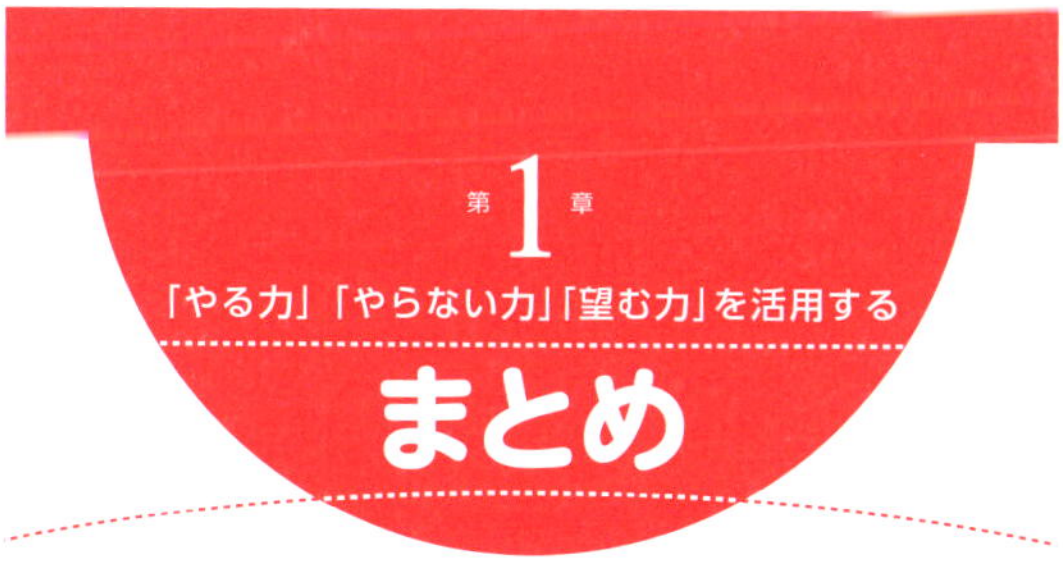

まとめ

あなた自身の目標を達成するために、実践的なエクササイズに挑戦し、結果を振り返ります。

「やる力」「やらない力」「望む力」を活用する

意志力には「やる力」「やらない力」「望む力」という３つの力があります。この３つの力を活用すれば、目標を達成したりトラブルを回避したりすることができ、よりよい自分になることができます。

たいていの人にとって、意志力が試される典型的なケースは、誘惑に打ち勝つことでしょう。ドーナツやタバコ、クリアランスセールなど、あなたを誘惑するものはさまざまです。そんな場面で問われるのが「**やらない力**」です。

しかし、「ノー」と言うだけが意志力ではありません。明日こそやろうと思いながら先延ばしにしていることも、意志の力が強ければ今日の「やることリスト」に加えられます。そんな場面で問われるのは「**やる力**」です。面倒だと思いながらも自分のやるべきことをやる力のことです。

「やる力」と「やらない力」は自己コントロールのふたつの面を表していますが、ノーと言うべきときにノーと言い、イエスと言うべきときにイエスと言うためには、もうひとつ、自分が本当に望んでいることを思い出す力が必要です。

誘惑に流されそうになったり、物事を先延ばしにしたくなったりしたら、自制心を発揮するために自分にとって大事なモチベーションを思い出すのです。このときに問われるのが「**望む力**」です。

「3つの力」を活用して目標を達成するには？

私たちの行動をコントロールするのは脳の前頭前皮質という領域です。私たちがやるべきことをやるように仕向ける働きをしており、それぞれが「やる」「やらない」「望む」の働きを受け持っています。

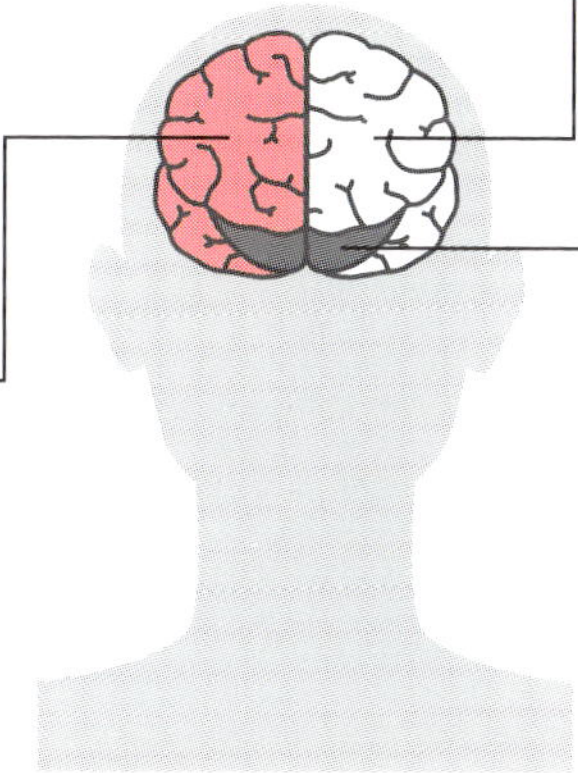

やる力

前頭前皮質の上部左側

退屈な仕事や難しい仕事、ストレスの多い仕事でも、着手してやり続けることができます。

やらない力

前頭前皮質の上部右側

運転中に携帯のメールを見たくなっても我慢するなど、衝動や欲求を感じてもすぐに流されないようにします。

望む力

前頭前皮質の中央下

目標や欲求を記録する場所です。ここの細胞が反応すればするほど誘惑をはねのけるモチベーションが上がり、脳の残りの領域が「食べちゃえ、飲んじゃえ、買っちゃえ」と叫んだとしても、あなたが本当に望むことを忘れません。

人間の脳の進化

太古の時代

①

自分だけで生きる

②

共同体で生きるため、仲間と協力する

現代

③

目先の利益より、長期的な利益を求める

④

自己実現など、より高度な利益を求める

脳は必要に迫られて、①から④へ進化を遂げました。
出世も勉強も寿命も、すべてこの「脳の力」の生かし方で決まります

Microscope

マイクロスコープ

もう一人の自分に名前をつける

衝動的な自分
VS.
賢い自分

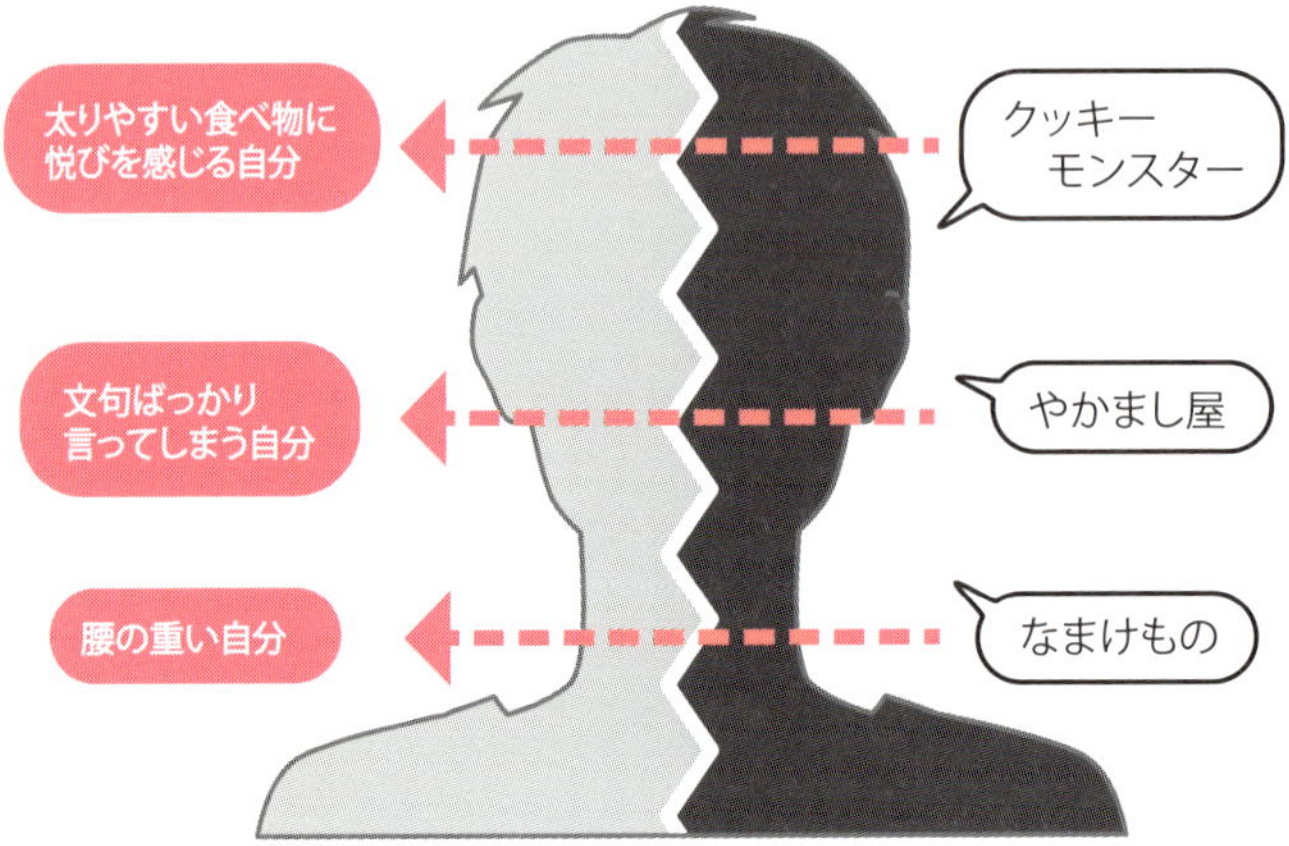
太りやすい食べ物に悦びを感じる自分
クッキーモンスター
文句ばっかり言ってしまう自分
やかまし屋
腰の重い自分
なまけもの

やせたいと願う自分と、クッキーが食べたくてたまらない自分。そのどちらも自分であり、私たちはふたつの自己の間を行き来しています。「賢い自分」を呼び覚ますにはどうすればよいのでしょうか。

目先の欲求を満たしたいけれど、そんなことをしていては目標が達成できない……。

意志力の問題は、衝動的な自分ともっと賢い自分というふたつの自己のせめぎ合いから生じます。この対立するふたつの自己を意識することが大事です。

衝動的な自分には、あだ名をつけるのが効果的だと言う人もいます。たとえばクッキーを食べたい自分には「クッキーモンスター」など、おかしな名前をつけてみます。

そうすると、目先の欲求を満たそうとする自分になりかけたときにはっと気づいたり、賢いほうの自分を呼び覚ましたりするのに役立ちます。

自己コントロールのシステムと本能を活用する

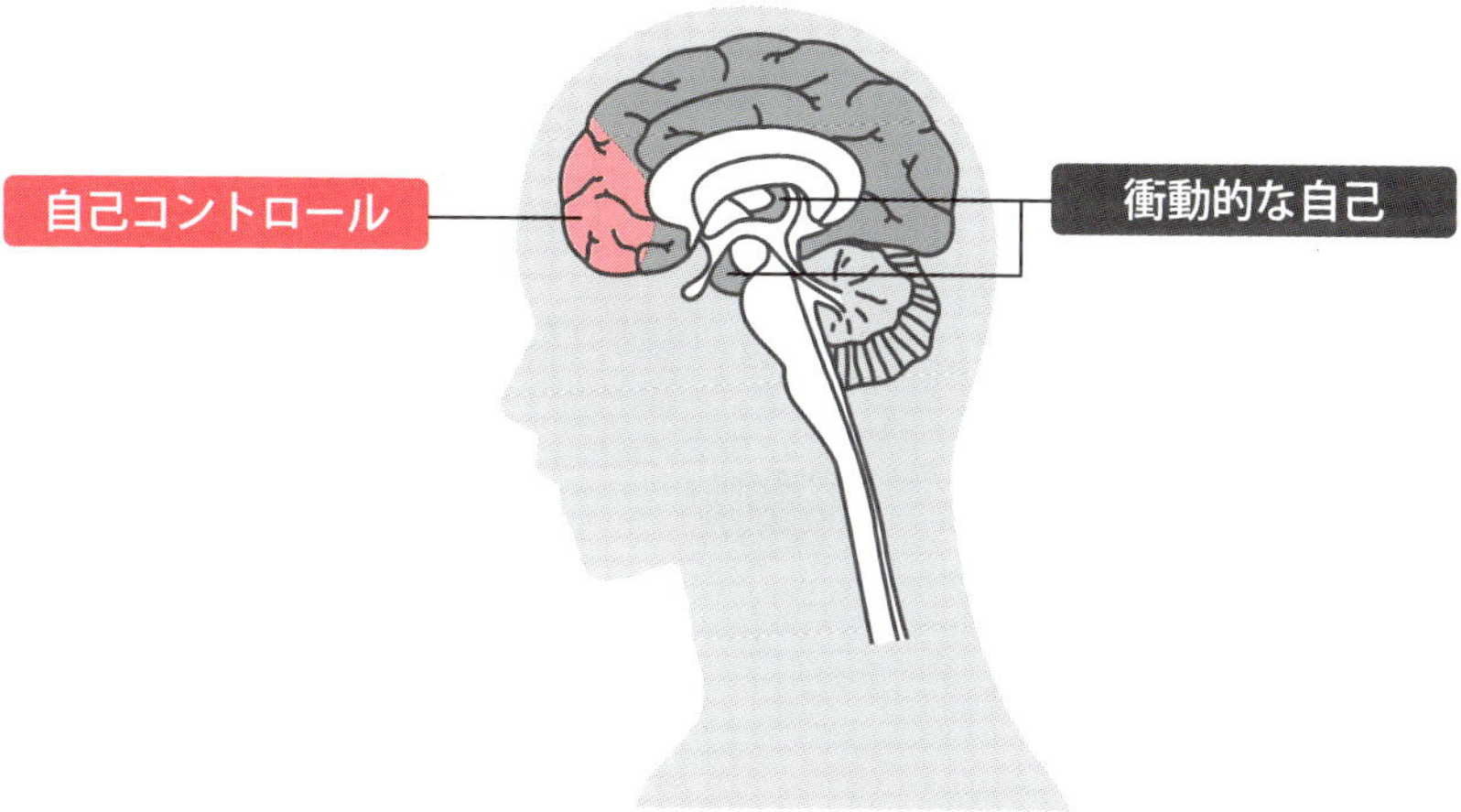

自己コントロールのシステム（理性）
だけでなく、本能もうまく生かすことで、
よい決断をすることができます

人類の進化につれ脳も大きくなりましたが、原始的な脳から新しい脳へと中身が一変したわけではなく、衝動と本能のシステムが存在するところへ、自己コントロールのシステムが付け加えられました。原始的な本能は進化の歴史に取り残された遺物《いぶつ》と思えそうですが、原始的な自己を完全になくすべきだと考えるのは間違いです。

私たちは欲望を失えば憂うつになり、恐怖を感じなければ危険から身を守れません。意志力のチャレンジで成功するには、原始的な本能に抗《あらが》うのではなく、むしろ利用できるようになる必要があります。自己コントロールのシステムとサバイバル本能は必ずしも相反するものではなく、ときにはこのふたつが協力し合ってよい決断をするために役立っています。

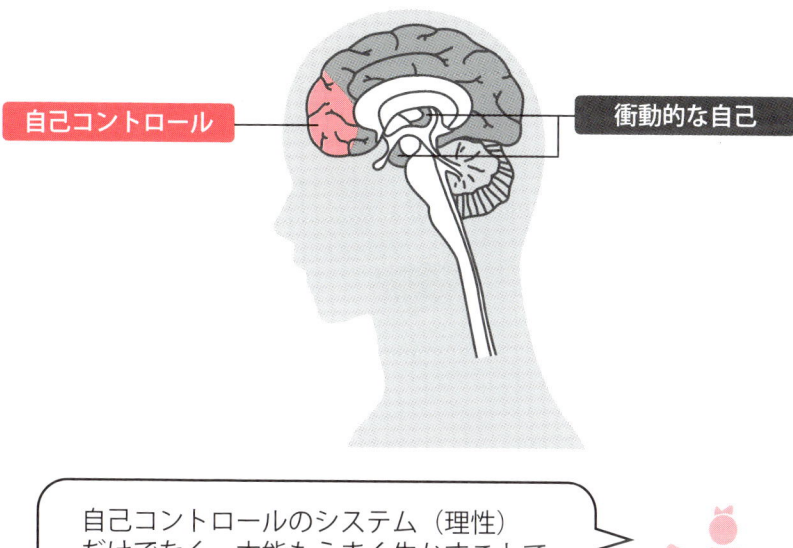

Experiment
意志力の実験

選択を振り返って分析する

ジムに行けなかったのはなぜ？

終業間際に
長電話につかまった。

▼

うまく切るか、終業間際は
電話に出ないようにしよう。

仕事の後、帰宅した。
ジムに行くのが面倒になった。

▼

会社からジムに直行できるよう、
準備して家を出よう。

失敗には必ず原因があり、原因を知れば
対策を立てることができるものです

自己コントロールを強化するには、まず自己認識力を高める必要があります。意志力のチャレンジに関する選択をするときは、自分がどんな選択をするかをはっきり意識することが大切です。

たとえば仕事帰りにジムに行くか行かないか、といった単純なことでも、自分がなにげなく行った選択が影響を及ぼしていたことにあとから気づくことがあります。

　仕事のあといったん帰宅しなくてもすむように、朝、ジムへ行く用意をしましたか？（こうすればサボる言い訳をしにくくなります）終業間際の長電話のせいで、お腹が空いてジムになんか行けない？（夕食後では、なおさらジムには行けないでしょう）

　一日の終わりに自分の選択を振り返り、「自分がいつ目標を達成するための選択、妨《さまた》げる選択をしたのか」を分析しましょう。自分の選択を振り返ることで、いい加減な選択が減ります。

瞑想のトレーニングをすると…

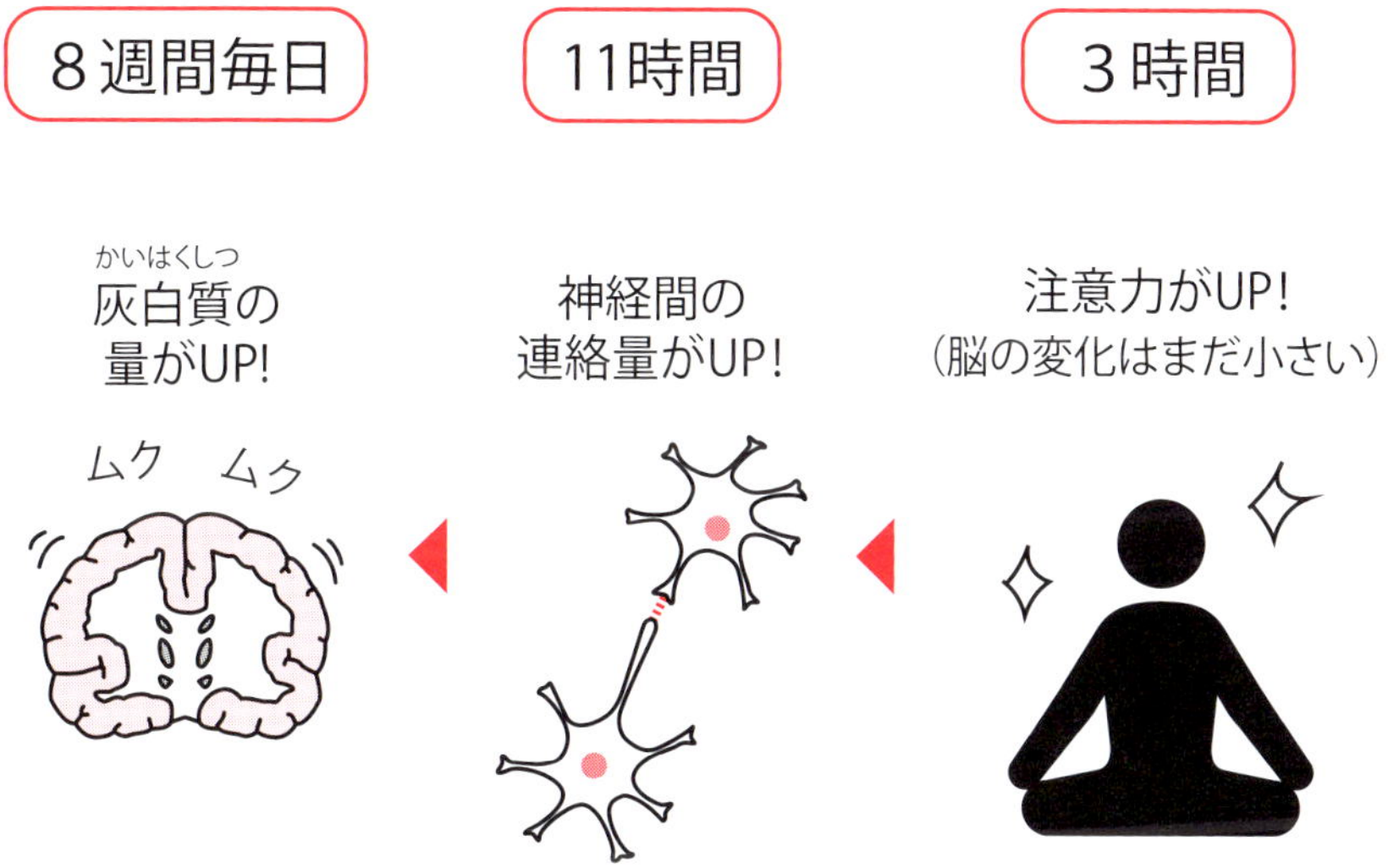
8週間毎日
11時間
3時間
灰白質《かいはくしつ》の量がUP!
神経間の連絡量がUP!
注意力がUP!
(脳の変化はまだ小さい)
ムク　ムク

脳を鍛えて自己コントロールを強化する方法のひとつが瞑想です。

瞑想を行うと、注意力、集中力、ストレス管理、衝動の抑制《よくせい》、自己認識といった、自己コントロールのさまざまなスキルが向上します。定期的に行えば、脳はすぐれた意志力のマシーンのように発達し、自己認識に役立つ脳の領域の灰白質が増加します。

ある研究では3時間の瞑想の練習で注意力と自制心が向上。11時間後には脳に変化が表れ、「集中力が持続する」「気が散るものを無視する」「衝動を抑制する」ための神経間の連絡が増加しました。

別の研究では、8週間毎日、瞑想の練習を続けたところ、自己認識の度合が向上し、自己認識をつかさどる脳の灰白質が増えていました。

5分で脳の力を最大限に引き出す

瞑想をして呼吸に意識を集中すると、脳が鍛えられ、意志力が強化されます。ストレスも減少し、欲求や心配などの内的な要因や、見えるものや音、匂いなどの外的な要因にも気が散らないようになります。

脳を鍛える5分間の瞑想

①動かずじっと座ります

足裏を床にぴったりつけて椅子に座るか、クッションの上であぐらをかきます。
背筋を伸ばし両手はひざの上に。そわそわしないことが重要です。

②呼吸に意識を集中します

心の中で「吸って」「吐いて」と言いながら、ゆっくり呼吸しましょう。

③ 呼吸をしているときの感覚をつかみ、気が散りはじめたら意識します

心の中で「吸って」「吐いて」と言うのをやめ、呼吸をしているときの感覚だけに集中します。
息を吸うとお腹や胸がふくらみ、息を吐くとしぼんでいくのがわかります。

最近の研究では、定期的に瞑想を行うと、禁煙や減量、薬物やアルコール依存症への対策としても効果があることがわかっています。

あなたの意志力のチャレンジが「やる力」の問題であれ、「やらない力」の問題であれ、瞑想は脳を鍛えて意志力を強化するのに最適な方法です。

まずは一日5分から始めて、それが習慣化したら一日10分~15分やってみてください。長く練習するのが面倒で明日に延ばしてしまうよりは、短くても毎日練習したほうがよいです。

朝のシャワーの前など、一日の中で瞑想する時間帯を決めておくか、都合のよいときに行いましょう。

瞑想で自分を目標へと引き戻す

瞑想は雑念をすべて取り払って頭をからっぽにすることではありません。呼吸に意識を集中し、気が散ったらまた呼吸に意識を戻す練習と思ってください。

自己コントロールもそれと同じで、目標から離れかけている自分に気づき、ふたたび目標に向かって軌道修正するプロセスです。

瞑想がなかなかうまくできなくて、気が散ってはふたたび呼吸へと意識を戻すことの繰り返しでも大丈夫。

気が散るたびにちゃんと気がつくことの繰り返しが、日常生活の中で「目標から離れている自分に気づいて、意識を目標のほうに引き戻す」ための効果的な練習になります。

第1章

「やる力」「やらない力」「望む力」を活用する

まとめ

意志力には
「**やる力**」「**やらない力**」「**望む力**」
の３つの力があります。
これこそ、私たちが
よりよい自分になるために
役立つものです。

意志力を上げるために…

1 意志力の「3つの力」を使う

目標を達成するために、「やる力」「やらない力」「望む力」の3つを駆使します。

2 「賢い自分」を呼び覚ます

衝動的な自分に負けないように賢い自分を呼び覚まします。

3 一日の選択を振り返る

自分がいつ目標を達成、あるいは妨げてしまう選択をしたかを思い出します。

4 瞑想で自分を目標に引き戻す練習をする

瞑想をして呼吸に集中し、気が散ったらまた呼吸に意識を戻す練習をします。

第2章

意志力の働きを理解する

意志力が試されるときは、まるで２人の自分の戦いが始まったかのような感じになります。欲求が勝つときもあれば、賢い自分が勝つこともあります。自制心を発揮し、意志力の量を増やす方法を学びましょう。

自制心を発揮できるときには、心と体に衝動を克服する強さと落ち着きが生まれています。

研究の結果、トレーニングを積めば、肝心なときに自分の体を自制心が発揮できる状態に切り替えられることがわかりました。

自制心は危険や脅威から身を守るための能力でもあります。私たちの脳と体は危険や脅威に対して、その性質によってまったく異なるふたつの反応で対処します。

たとえば、目の前に突然トラが現れたら、脳と体に**闘争・逃走反応**という原始的な本能が働き、瞬時に危険を察知して急いで逃げます。

いっぽう、ダイエット中にもかかわらず、おいしそうなケーキが出てきたら、脳と体に**休止・計画反応**が生じ、「太るからやめよう」と考えて食べずに我慢します。

幸いにも人類の進化によって、私たちにはどちらの脅威に対しても身を守る能力が与えられているのです。

危険や脅威に対する
2種類の本能的な反応

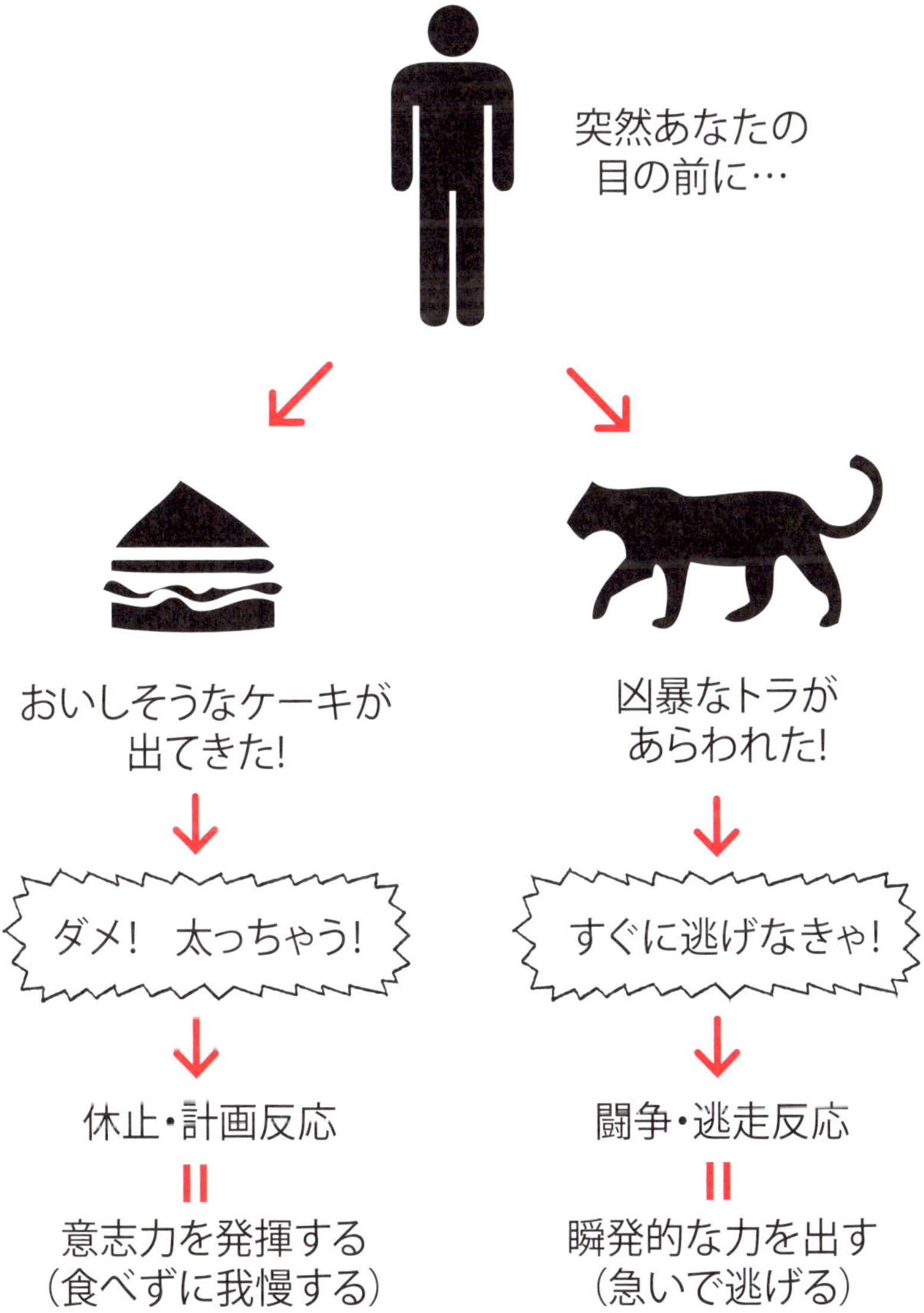
突然あなたの
目の前に…
おいしそうなケーキが
出てきた!
ダメ!　太っちゃう!
休止・計画反応
=
意志力を発揮する
(食べずに我慢する)
凶暴なトラが
あらわれた!
すぐに逃げなきゃ!
闘争・逃走反応
=
瞬発的な力を出す
(急いで逃げる)

落ち着くことで衝動を抑える

心の中で葛藤が起きたら？

やりたくないけど、
やらなきゃいけない

やりたいけど、
やってはいけない

こういうときは、本能に従うと失敗する

↓

なので…

脳がひと呼吸置いて考える
休止・計画反応で対処

自己コントロールは、心の中の葛藤にどう対処するかという内面的な問題です。衝動を感じても、落ち着くことで葛藤を乗り越え、衝動を抑えることができます。

自己コントロールが必要になると、脳と体が連携して変化を起こし、自己破壊的な衝動を乗り越えようとします。これを休止・計画反応と言います。

闘争・逃走反応は、突然トラに出くわすなど外的な脅威を認識したときに起こります。脳と体が攻撃や逃走といった衝動的な行動をとるように仕向けるのです。

いっぽうで休止・計画反応は、「やりたいけどやってはいけない」「やるべきことがあるのにやる気がしない」という心の中の葛藤によって起こります。そのような葛藤を乗り越えるためには、まず落ち着くことが大事。すると、脳と体に変化が起き、衝動を抑えようとします。

正しい選択を行うために脳にエネルギーを集める

休止・計画反応も脳で起こります。脳が警戒サインに気づくと、体内のエネルギーが脳に集められ、正しい選択を行うために前頭前皮質が指示を出します。

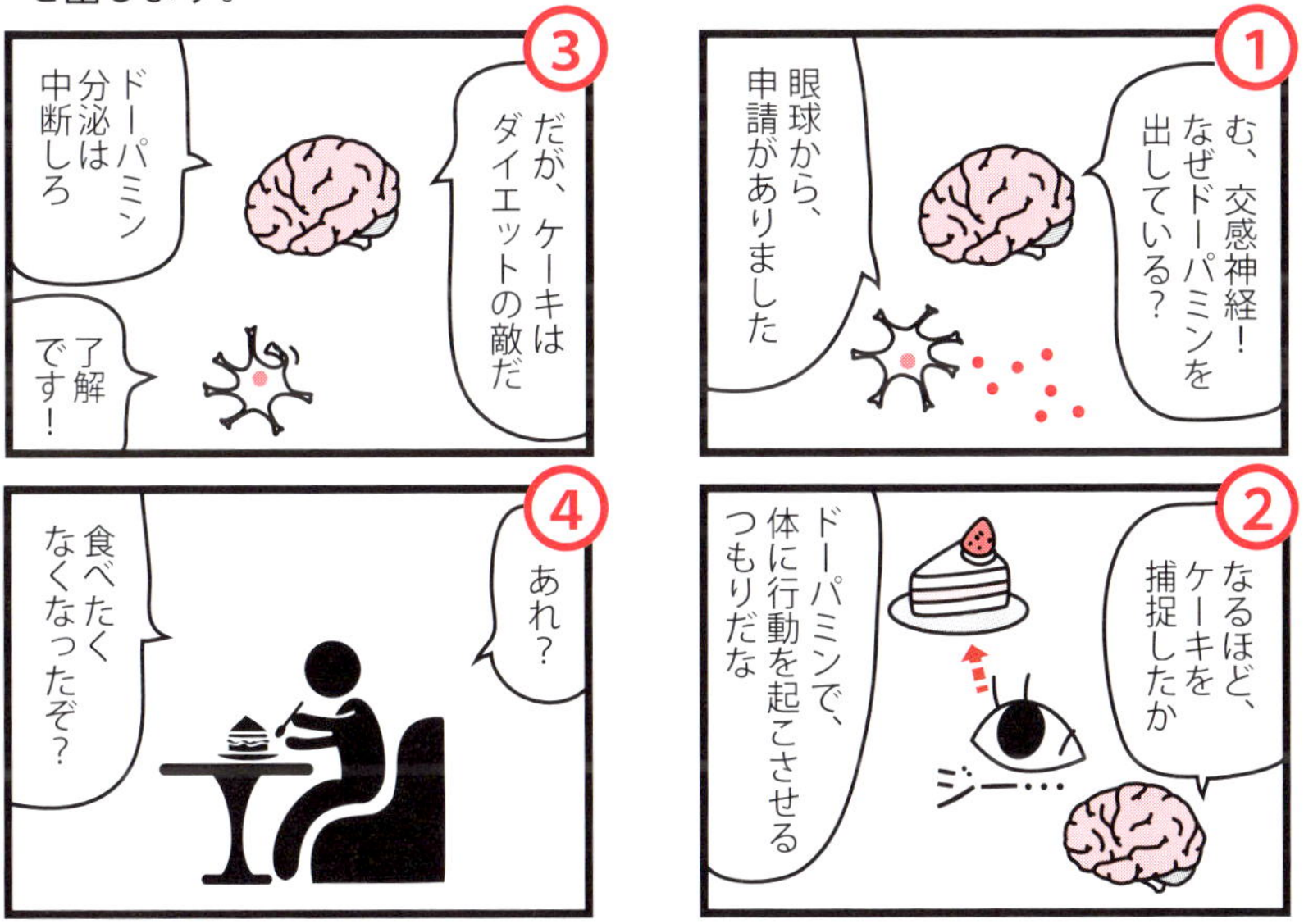

脳には「自己監視システム」があり、心に浮かぶ考えや感情、身体感覚など、あなたが後悔することをやりそうな気配を見逃すまいとしています。

脳がそのような気配に気づくと、前頭前皮質は、あなたが正しい選択を行えるようただちに行動に移ります。その前頭前皮質を助けるために、休止・計画反応が起き、体内のエネルギーを脳へ向けます。

休止・計画反応は脳内だけに表れるのではなく、脳は体も一緒に働かせて、衝動にブレーキをかけようとします。

そのため、前頭前皮質は自己コントロールの指示を出します。

休止・計画反応が起きると、心拍数は下がり、血圧や呼吸も通常のままで、体はリラックスして気持ちが落ち着きます。

Experiment
意志力の実験

ゆっくり呼吸すると自制心を発揮できる

呼吸のペースをゆっくりにすると、前頭前皮質が活性化し心拍変動も上昇。脳と体がストレス状態から自制心を発揮できる状態に切り替わります。

ストレスを感じると、心拍変動は低下します。つまり、心拍数が上昇した状態になり、衝動的になります。逆に、自制心を発揮すると心拍変動は上昇し、この状態になると気持ちが静まり、落ち着きます。

心拍変動が高ければ、誘惑にかられたときに発揮できる意志力の保有量が多くなります。

体と心を自制心が発揮できる状態にもっていく方法のひとつが、呼吸を遅らせることです。呼吸のペースを1分間に4～6回に抑えましょう。呼吸のペースを遅くして前頭前皮質を活性化し心拍変動を上昇させると、体がストレス状態から自制心を発揮できる状態に切り替わり、自己コントロールが利くようになります。

体と脳を活性化する

1～2分でも呼吸のペースをゆっくりにすると…

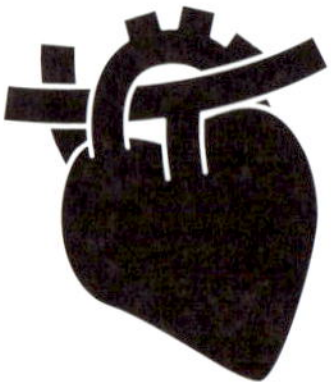

心拍変動が上昇する

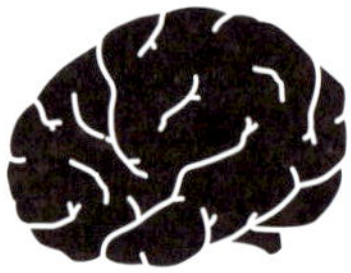

前頭前皮質が活性化する

- ストレスに強くなる
- 意志力の保有量が増える

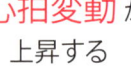

意志力の保有量を増やす方法

日常生活で少し注意を払うだけで意志力の量を増やせる効果の高い方法を紹介します。

①健康的な食べ物

植物ベースの加工されていない食品を中心に、体によい食事をしましょう。ジャンクフードはいけません。

②手軽な運動

エクササイズは脳を鍛える驚異の薬です。「瞑想」と同様、脳はエクササイズによってより大きくなり速く働くようになります。

ウォーキングはもちろん、ガーデニング、子どもやペットと遊ぶ、掃除など、何でもエクササイズになります。自分がやってみたいことから始めましょう。

③こういうのはダメ

1）座りっぱなし、じっと立ったまま、または横になった状態で行うこと。

2）ジャンクフードを食べながらできること。

座りっぱなしのライフスタイルを返上すれば、意志力の保有量を増やすことができます。

Experiment
意志力の実験

グリーンエクササイズで意志力を満タンにする

自然にふれる、グリーンエクササイズ

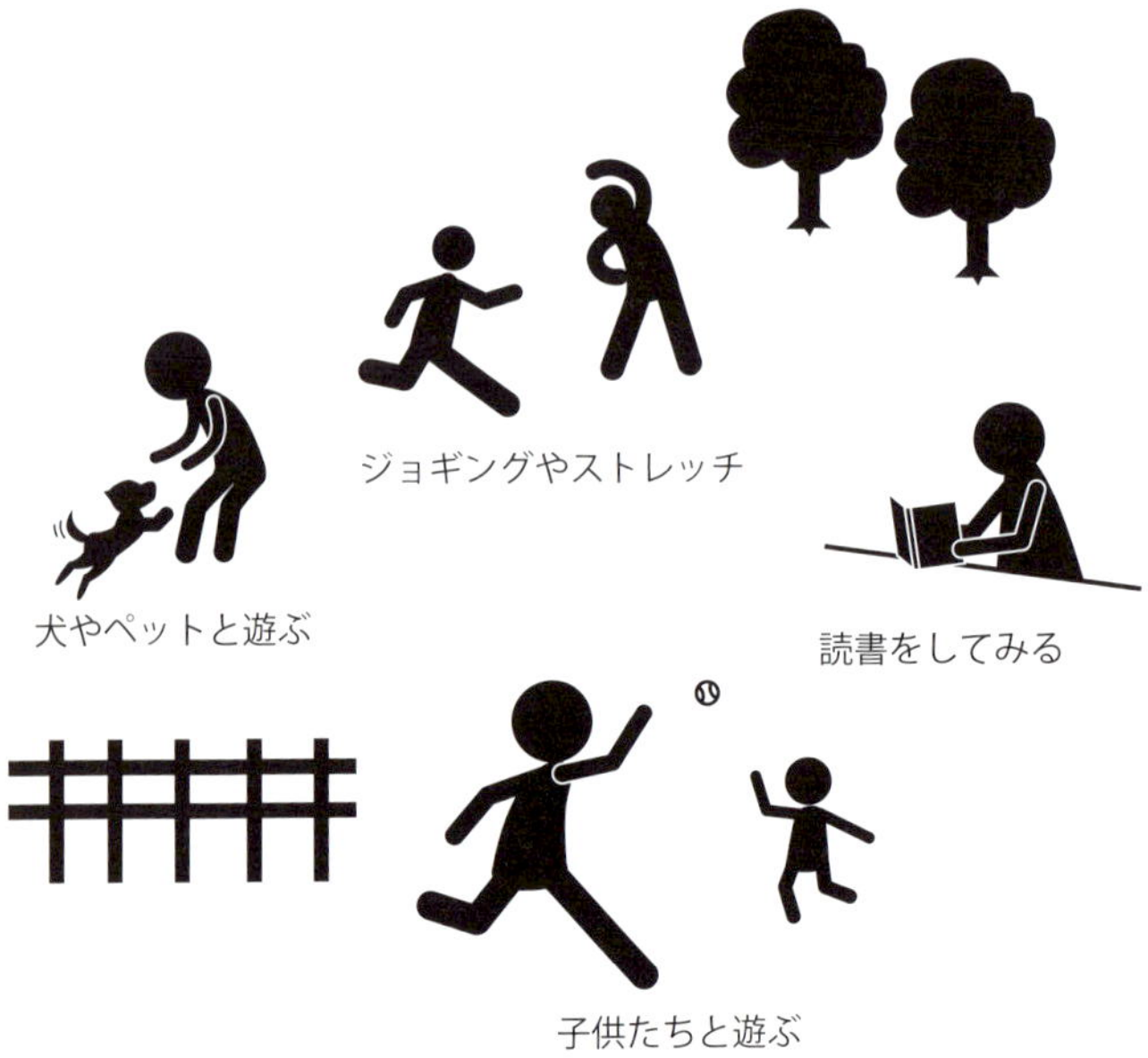
ジョギングやストレッチ
犬やペットと遊ぶ
読書をしてみる
子供たちと遊ぶ

意志力をすぐに満タンにしたいなら、外に出てみましょう。ストレスが減少し、集中力も高まって、自己コントロール力も向上します。

屋外で自然にふれられることなら、何でも「グリーンエクササイズ」です。ほんのちょっと行うだけで、効果が表れます。

短時間に集中的に行う運動は、長時間の運動よりも気分転換になります。

汗をかいて疲れるまでやる必要はありません。ウォーキングなどの軽いエクササイズのほうが激しい運動よりも効果が高く、即効性があります。

オフィスから出て、近くの公園など緑のある場所に行ったり、お気に入りの曲を聴きながら、近所をひと回りジョギングしたりするだけで意志力は満タンになります。

Experiment
意志力の実験

睡眠で自己コントロールを補強する

睡眠不足だとどうなる？

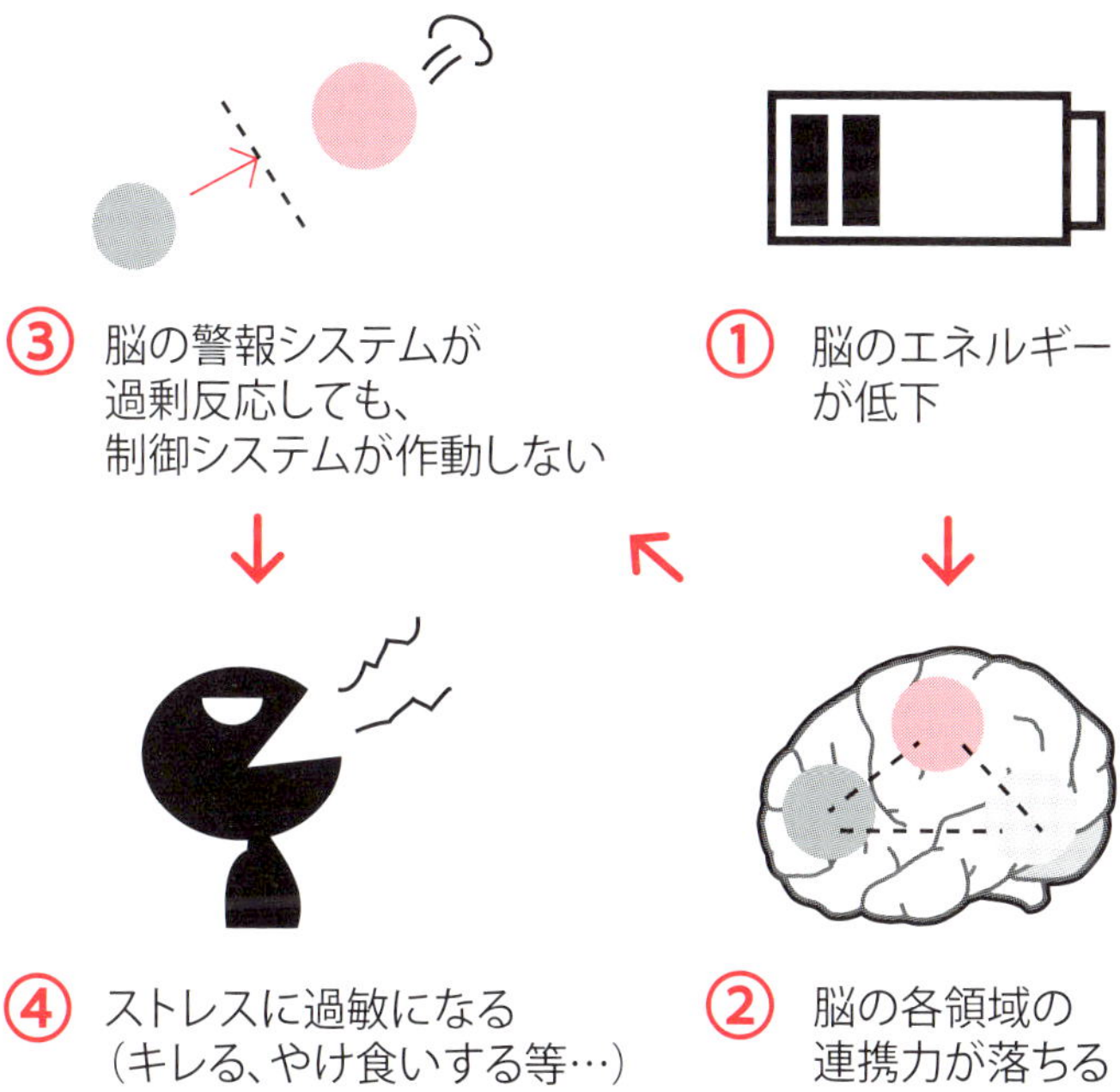
①脳のエネルギーが低下
↓
②脳の各領域の連携力が落ちる
↖
③脳の警報システムが過剰反応しても、制御システムが作動しない
↓
④ストレスに過敏になる（キレる、やけ食いする等…）

睡眠不足が慢性化すると、ストレスや誘惑に負けやすくなります。意志力をアップするためには、まずきちんと眠ることです。

睡眠が足りないと意志力は低下します。睡眠不足の状態では体や脳の主要なエネルギー源であるグルコースを使用することができず、細胞がエネルギー不足になり疲労を感じます。

体や脳が十分にエネルギーをとれないと自制心が発揮できなくなり、この影響を受けた前頭前皮質は、脳の警報システムの過剰な働きを抑えられなくなります。その結果、自制心が利かなくなるのです。

しかし寝不足が続いても、週末にたっぷり眠れば、意志力は再びみなぎってきます。いちばんよくないのは連続して何時間も起きていること。少し居眠りするだけでも集中力や自己コントロール力が回復します。

Experiment

意志力の実験

体にリラクゼーション反応を起こす

日常のストレスや自己コントロールによる疲労から回復するのによい方法のひとつが、リラクゼーションです。リラクゼーションを習慣化すれば、意志力をアップさせることができます。

どっちのリラクゼーションが効果的？

生理学的リラクゼーション

気分転換

体も脳も休まっている状態

ぼーっとテレビを観る、お酒やごちそうを楽しむ、など

生理学的リラクゼーションの習慣が、意志力を強くする

ここで言うリラクゼーションとは、テレビを観るなどの気分転換のことではありません。

意志力をアップさせるリラクゼーションとは、心身がほんとうに休まっている状態のことで、ハーバード大学医学部のハーバート・ベンソンの言う「生理学的リラクゼーション反応」をもたらします。

「生理学的リラクゼーション反応」では、心拍と呼吸のペースが遅くなり、血圧も下がり、筋肉の緊張がとけます。脳も先のことを考えたり、過去を分析したりするのをやめて、休息をとります。横になって深呼吸すると、生理学的リラクゼーション反応が表れ、体を疲労から回復させてくれます。

リラクゼーションのやり方の例

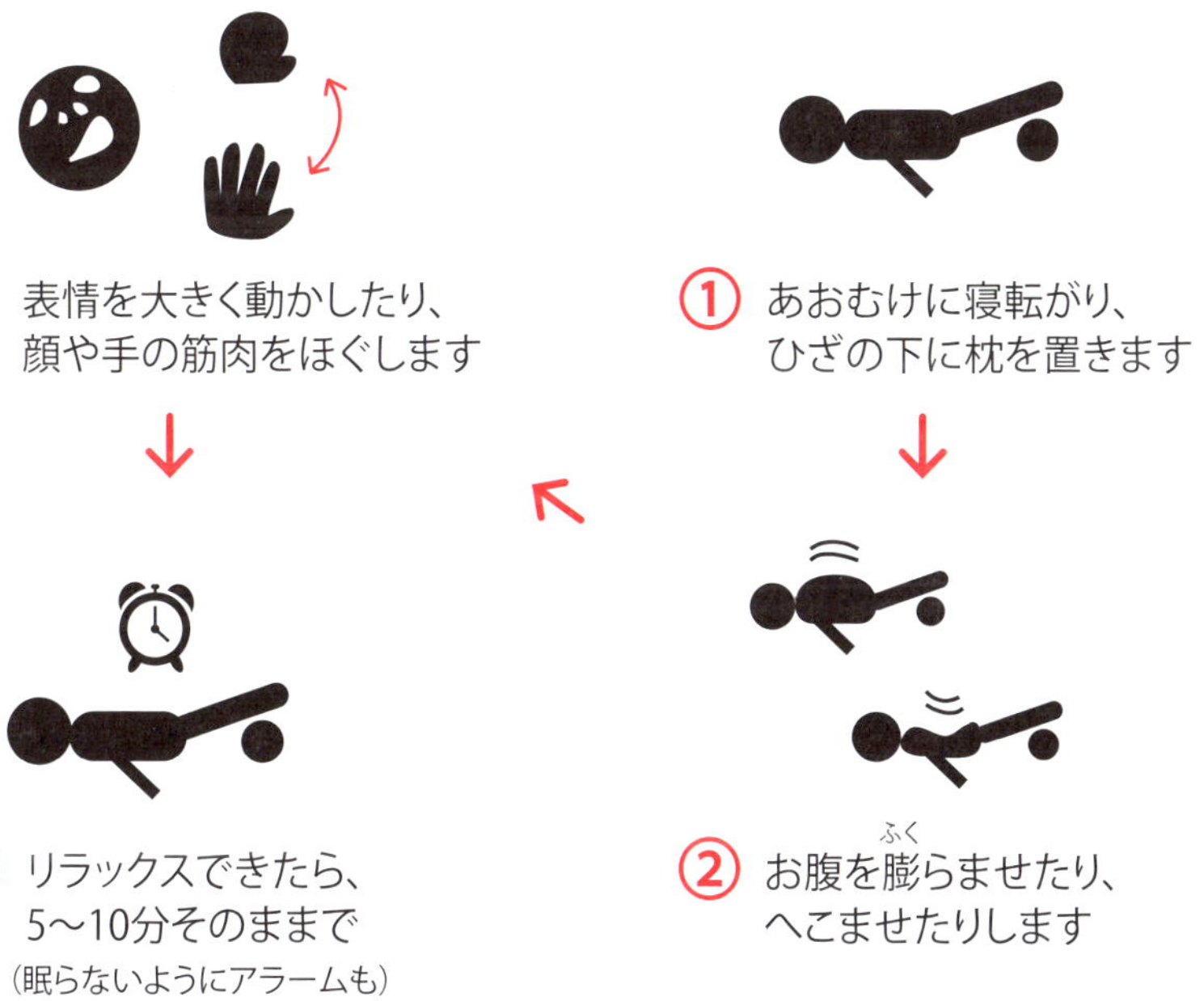
① あおむけに寝転がり、ひざの下に枕を置きます
② お腹を膨《ふく》らませたり、へこませたりします
③ 表情を大きく動かしたり、顔や手の筋肉をほぐします
④ リラックスできたら、5〜10分そのままで
（眠らないようにアラームも）

リラクゼーション反応を起こすには、まずあおむけに寝て、ひざの下に枕を入れ、足のほうを少し高くします。

次に、目を閉じ、何度か深呼吸をして、お腹を膨らませたりへこませたりします。

体に凝《こ》っているところがあれば、もんでほぐします。手のひらや指が強《こわ》ばっていると感じたら、こぶしを握ってから手を広げます。顔やあごのあたりが凝っているなら、顔をくしゃくしゃにして目を細めたあと、口を大きく開け、それから顔の力を抜きます。

5～10分はそのままでいましょう。何もせず、ただ呼吸することを楽しんでください。眠ってしまいそうなら、時計のアラームをセットするのをお忘れなく。これを毎日の習慣にするとよいでしょう。

ストレスとうまく付き合い 心身の状態を整える

ストレスとうまく付き合い、心と体の状態を整えてエネルギーを自己コントロールへ向けられれば、意志力のチャレンジに成功します。

心配ごとがあったり、働きすぎで疲れたりしてストレスがたまると、私たちはつい誘惑に負けたり、かっとなったり、やるべきことを後回しにしたりしてしまいます。

また、意志力のチャレンジが失敗しそうになると、私たちはそれを自分の性格のせいにしがちです。けれどもたいていの場合は、ただ脳と体が自己コントロールに適さない状態にあるだけです。

慢性的なストレス状態になると、意志力よりも衝動的な自己が前面に出てきます。

ですから、自分のエネルギーが自己コントロールに向けられるよう、ストレスから心身を回復させましょう。

過剰なストレスは自己コントロールを妨げる

ストレスが大きいときのAさん
ストレスが軽いときのAさん
ストレス状態になると、人は目先のことしか考えられなくなってしまいます

ストレスが「やる気」を奪う

ストレスを抱えていたり、憂うつだったりすると、脳と体がうまく連携しません。しかし、ストレスとうまく付き合う方法を学べば、意志力を向上させられます。

自分を追いつめるのは逆効果

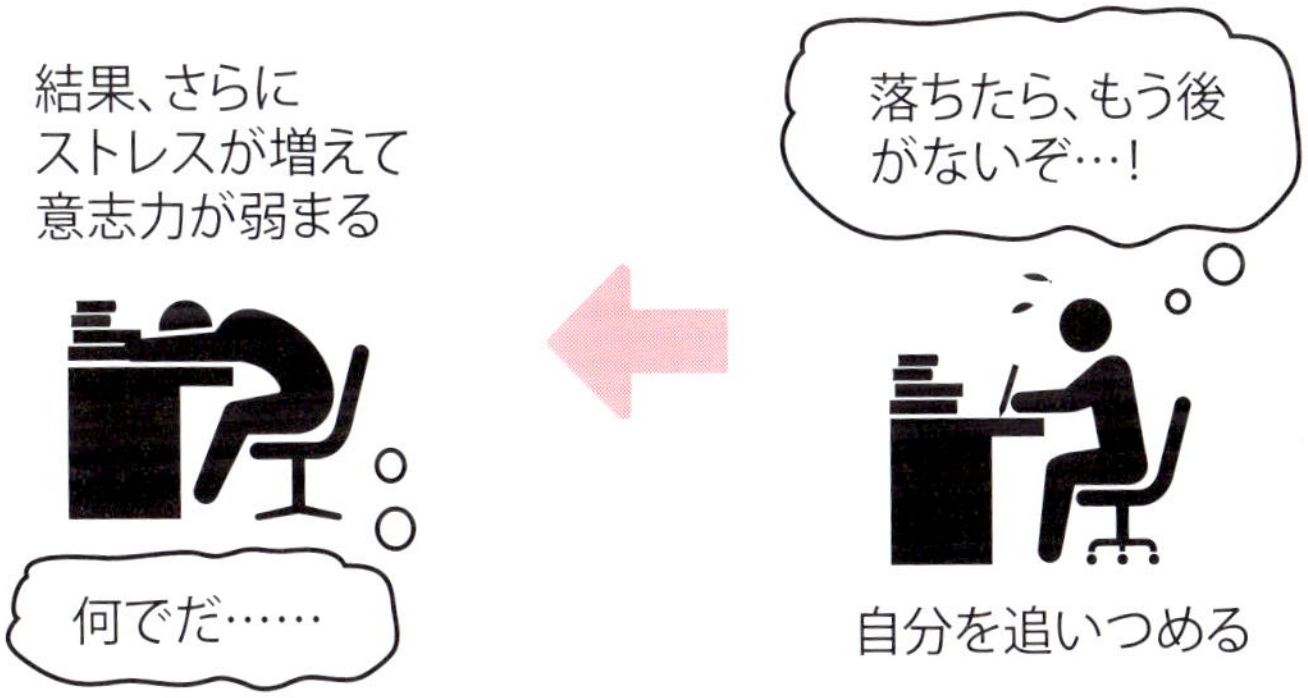
落ちたら、もう後がないぞ…!
自分を追いつめる
結果、さらにストレスが増えて意志力が弱まる
何でだ……

「やる気」を保つために、
自分を追いつめるのはやめましょう

目標に向かうとき、私たちは、自分の怠《なま》け癖や自制心の弱さを責めて自分を奮い立たせて、ストレスをさらに増やすようなまねをしてしまいがちです。

それも短期的には効果があるかもしれませんが、長い目で見ると、ストレスほどあっという間に意志力を弱らせてしまうものはありません。

ストレス状態になると、人は目先のことしか目に入らなくなりますが、自制心を発揮できれば物事を大局的に見ることができます。

ですから、ストレスとうまく付き合う方法を学ぶことは、意志力を向上させるために最も重要なことのひとつなのです。

第2章

意志力の働きを理解する

まとめ

意志力はストレスと同じく、**身を守る**ために**発達**した**本能**です。

意志力を上げるために…

1 ゆっくり呼吸する

呼吸のペースを遅くすれば、自制心を発揮することができます。

2 グリーンエクササイズをする

外に出て活動すると、意志力を満タンにできます。

3 十分な睡眠をとる

ぐっすり眠って睡眠不足の悪影響を解消しましょう。仮眠も有効です。

4 リラクゼーションで体を休ませる

横になって深呼吸。生理学的リラクゼーション反応を起こして、脳と体を疲労から回復させましょう。

第3章

自制心を鍛える

現代生活ではさまざまな場面で自制心が必要です。自制心の源である意志力の消耗を防ぐため、自制心を鍛えて意志力のスタミナを強化する必要があります。

定期試験前のテスト勉強の日々を思い出してみましょう。知識や公式をこれでもかと頭に詰め込みながら、やめようと思っていたタバコの量がつい増えたり、やたらと食べすぎてしまったりしませんでしたか？

意志力の限界を最初に体系的に観察して実験を行ったのは、心理学者のロイ・バウマイスターです。

彼は人々の意志力を試すようなさまざまな実験を行いましたが、参加者の自制心は時間の経過とともに低下することがわかりました。意志力はつねに同じ源から引き出され、自制心を発揮するたびに、意志力が低下し、疲れも増していくようでした。

バウマイスターは「**自制心は筋肉に似ている**」と考えました。意志力は使うたびに減っていくので、自制心を発揮し続ければ、いずれ自己コントロールができなくなる恐れがあります。

逆に言えば、筋肉同様に自制心を鍛えればよいのです。意志力の消耗を防ぐために、自制心を強化しましょう。

意志力は限りある資源

自制心は筋肉に似ている

ロイ・バウマイスターの研究

筋肉を使い続けると疲弊するように、
自制心も発揮し続けると、
時間が経つにつれて弱くなっていく

実験の一例

朝のうちは…

夜になると…

難しいことでも
ガマンできた

簡単なことでも
ガマンできなくなった

Microscope
マイクロスコープ

意志力の増減を観察する

自分の一日をふり返り、意志力の強い時間帯、弱い時間帯を見極め、やろうと決めたことは意志力の強い時間帯に行うようにします。

1日の中で意志力が最も強いのはいつですか？

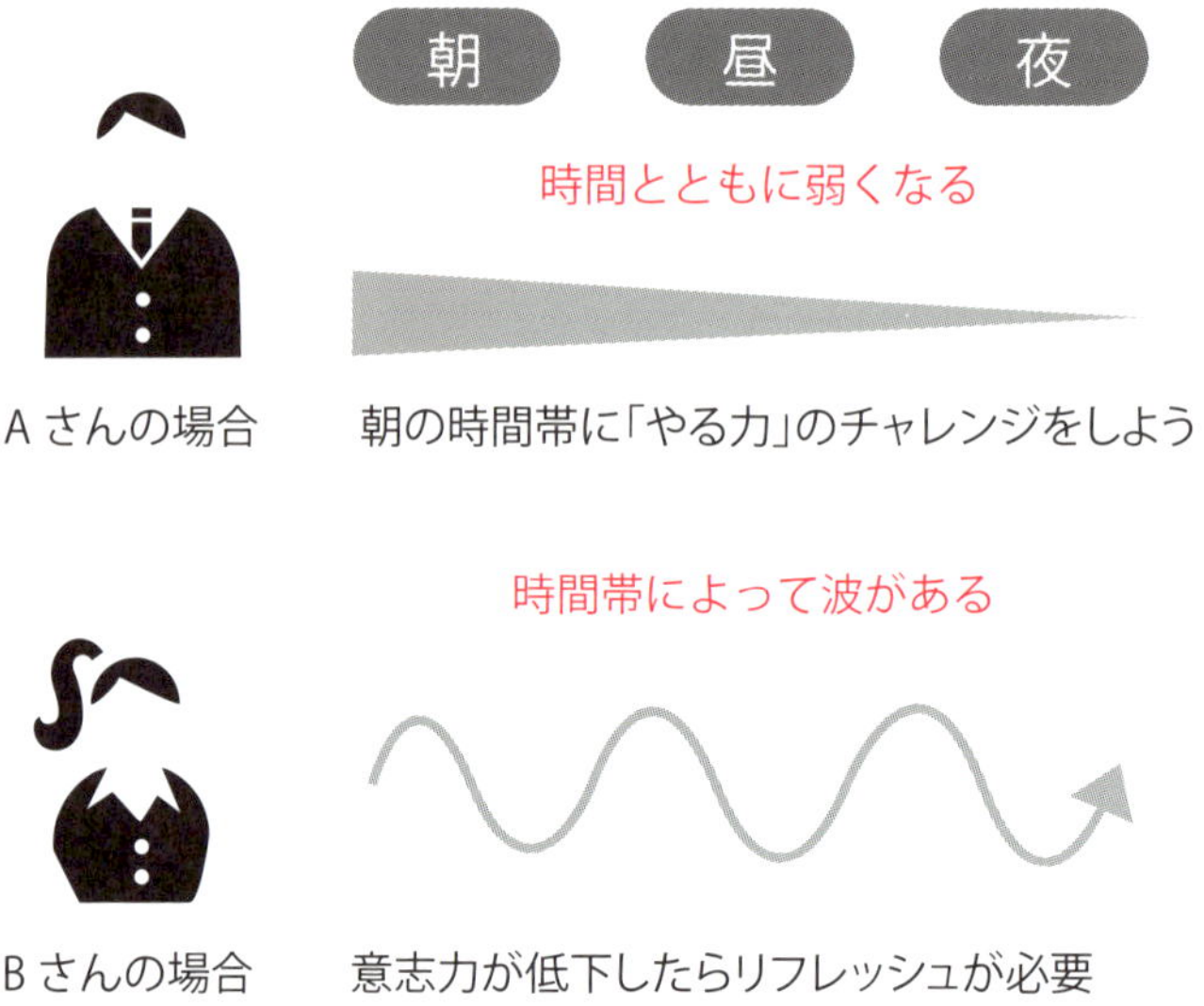
朝
昼
夜
時間とともに弱くなる
Aさんの場合
朝の時間帯に「やる力」のチャレンジをしよう
時間帯によって波がある
Bさんの場合
意志力が低下したらリフレッシュが必要

自制心が最も強いのは朝で、その後は時間が経つにつれて衰えていきます。しかし、人によっては一日のどこかで意志力がふたたびみなぎる時間、リフレッシュした気持ちになれる時間があるかもしれません。一日の中で自分の意志力が最も強いのはいつか、逆に最も弱いのはいつかに注意してみましょう。

自分のパターンを知ることでスケジュールをうまく立てられるようになります。意志力が弱くなる時間帯を知っておけば、誘惑に負けるのを未然に防ぐこともできます。なによりも大切なことは、「やる力」の必要なチャレンジに取り組むのを、自分にとって最もエネルギーがあふれている時間帯にすることです。

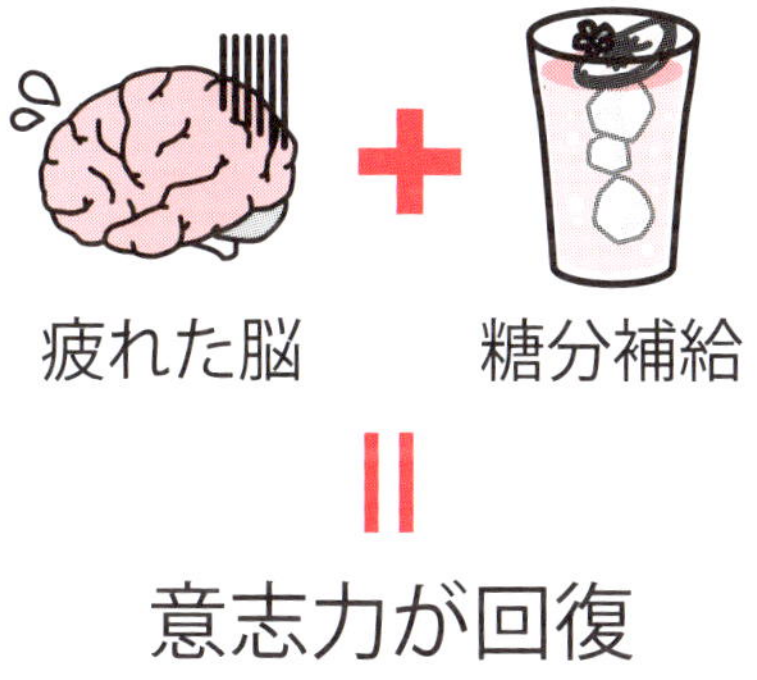
疲れた脳
糖分補給
意志力が回復

血糖値を上げて意志力をアップ

繰り返し自己コントロールを行うと脳は疲弊し、疲れたランナーの足が止まるように、脳の自己コントロール機能が低下します。

その原因のひとつが、脳のエネルギー不足。心理学者マシュー・ゲイリオットの実験により、血糖値が低くなるとさまざまな意志力の問題が生じ、血糖値が上がると意志力がいっきに回復することがわかりました。

エネルギー不足は自制心の低下につながる

脳にエネルギーがなくなると、脳はエネルギーを節約しようとして自己コントロール力を低下させます。血糖値が下がると、脳は目先のことだけを考え、衝動的な行動に出る傾向が強くなります。

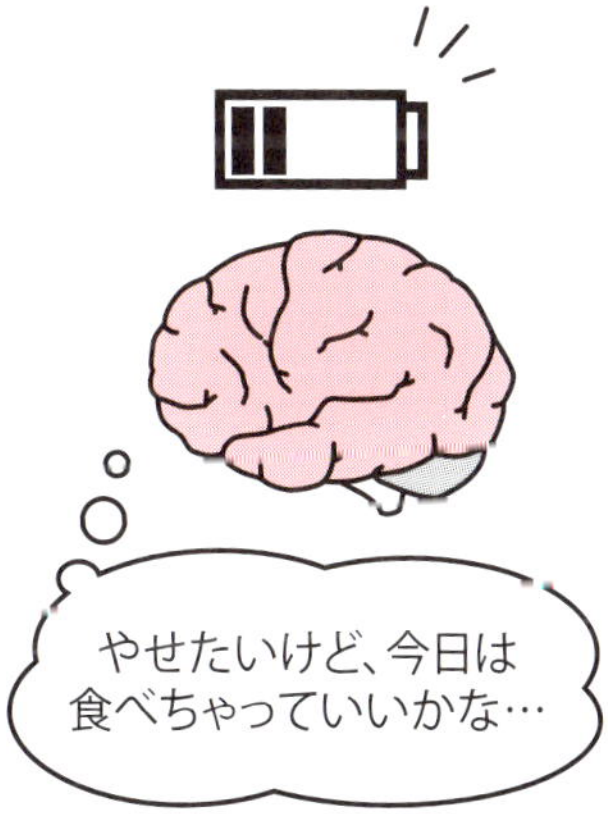
やせたいけど、今日は
食べちゃっていいかな…

Experiment
意志力の実験

ナッツを食べて意志力低下を防ぐ

栄養士や心理学者は、脂肪分の少ないタンパク質、ナッツ類、豆類、穀物、シリアル、果物、野菜などの低血糖食を推奨しています
野菜
果物
ナッツ
豆類
シリアル
穀物
etc...

血糖値はあまり下がらないように一定に保つのが理想的です。朝食やおやつに低血糖食をとれば、意志力の低下を防ぐことができます。

エネルギーが不足したときに甘いものを食べて血糖値を上げれば、一時的に意志力はアップしますが、これは長い目で見た場合にはあまりよい戦略ではありません。

ストレスが多いと脂肪分や糖分が多い食べ物を選択しがちですが、血糖値が急激に上がったり下がったりするのは体によくないのです。

そこで、ナッツ類など持久性のあるエネルギーを体に与えてくれる食べ物をとりましょう。血糖値を一定に保つための低血糖食は、基本的には素材そのままで、糖分や脂肪分、添加物などが入っていない食品です。これを朝食やおやつなどに取り入れてみましょう。

意志力の低下を抑える方法

①自己コントロールの「筋肉」を鍛える

ある意志力トレーニングプログラムでは、「クローゼットを片づける」など、参加者は各自で目標を設定し、自分で決めた期限内に達成するよう指示されました。２カ月後、参加者らは目標を達成しただけでなく、食生活が健康的になり、運動量が増え、タバコやアルコール、カフェインの摂取量が減りました。

自制心を要する小さなことを継続して行うと、意志力が全般的に強くなることがわかりました。

目標とスケジュール(例)

Week 1	クローゼットの中身を確認
Week 2	着る･捨てる･リサイクルに分類
Week 3	不要な服を捨てる
Week 4	着ない服をリサイクルに出す

自己コントロール筋が鍛えられ･･･
↓

食生活まで健康に!

②「難しいほうを選ぶ」ことを繰り返す

ノースウェスタン大学の心理学者のチームは、40人の成人を３つのグループに分け、それぞれに課題を与えました。２週間後、第１・２グループの人たちは、かっとなりそうなことが起きてもあまり反応しなくなっていました。しかし、第３グループの人たちにはそのような変化は見られませんでした。

実行するのがたやすいことより困難なことを選択し続けることで、自己コントロールを強化することができるのです。

第１グループ
利き手でないほうの手を使う

第２グループ
乱暴な言葉を使うことを禁じる

第３グループ
何も指示しない

意志力トレーニングにチャレンジ

意志力トレーニングにチャレンジしてみましょう。毎日継続することによって、自己コントロール力を伸ばしていくことができます。

それでは実際に、意志力トレーニング法を試してみましょう。

「『やらない力』を強化する」「『やる力』を強化する」「自己監視を強化する」の3つの意志力トレーニングからひとつ選びます。

必ずしも自分の「最大の目標」と合致していなくてもかまいません。

簡単なことでも意志力のエクササイズとして毎日続ければ、自己コントロールが筋肉に似ていることがよくわかり、意志力のさまざまな問題に対処するための力がついてくるのを実感できるでしょう。

意志力のトレーニング

自己監視の強化	やる力の強化	やらない力の強化
きちんと記録をつけ続ける	やることを決めて継続する	やらないことを決めて継続する

家計簿をつける、食事の内容を記録する、など	捨てるものを毎日1個見つける、毎日5分瞑想する、など	足を組まない、間食をしない、など

疲労は脳が生み出す「感情」

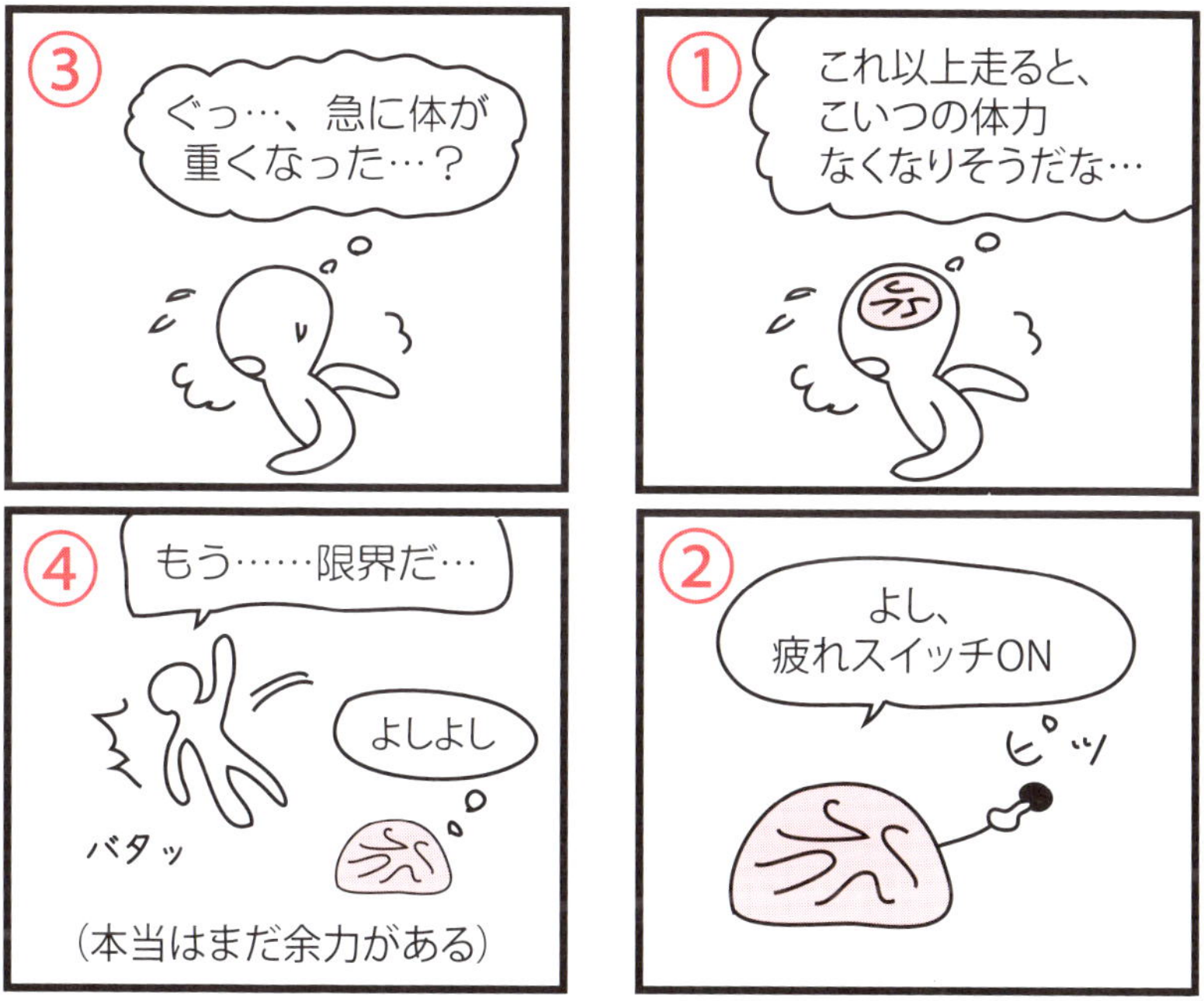
①
これ以上走ると、こいつの体力なくなりそうだな…
②
よし、疲れスイッチON
ピッ
③
ぐっ…、急に体が重くなった…？
④
もう……限界だ…
よしよし
バタッ
（本当はまだ余力がある）

ケープタウン大学の運動・スポーツ科学の教授、ティモシー・ノークスは、「疲労は肉体で実際に起きているものではなく、感覚や感情というべきものだ」と述べています。つまり、疲労は体の動きを止めようとする脳が生み出した「感覚」にすぎないということです。

これはつまり、自制心を発揮したあとに、「もう限界だ」と思えるほどの精神的な疲労を感じても、それは脳がそう感じさせているだけで、実際にはそれは限界ではないということを意味しています。

「自己コントロールの限界は人の思い込みを反映しているにすぎない」というこの研究はまだ始まったばかりですが、自分が思っている以上に意志力を発揮できる可能性があるのです。

「望む力」を利用してやる気を出す

あなたを強くしてくれるものは、何ですか？

意志力が弱くなったと感じたら、モチベーションを上げて限界を引き延ばしましょう。やる気の出るモチベーションは「望む力」が原動力となります。

意志力が弱っていると感じたら、自分の「望む力」を利用してやる気を出しましょう。やる気を奮い起こすことで、意志力の「筋肉」も思っていた以上に持ちこたえます。

左のページの3つのモチベーションのうち、自分にとってどれが最もやる気になるか考えてみてください。

自分にとって最大の「望む力」とは、元気が出ないときでも強さを与えてくれる力のことです。

誘惑に負けそうになったときや、目標をあきらめそうになったときは、いつもその力のことを思い出すようにしましょう。

「望む力」を生み出す３つのモチベーション

① どんないいことがあるか、考える

それをすることで、いまよりもっと健康で幸せになれるでしょうか？それとも自由や経済的安定、成功が手に入りますか？

② 誰のためになるか、考える

その行動は周りの人の助けになりますか？　周囲にどんなよい影響を与えるでしょうか？

③ だんだんラクになると考える

いまはつらくても進歩の過程だと思えば、我慢する価値があると思いますか？チャレンジに進歩が見られたら、生活がどのように変わっていくか、自分をどのように感じると思うか、想像できますか？

第3章
自制心を鍛える

まとめ

自己コントロールは筋肉に似ています。使えば疲労しますが、**意志力のトレーニング**によって**強化**することができます。

意志力を上げるために…

1 意志力には限界があることを知る

自制心を発揮し続けていると意志力を使い果たしてしまうということを認識します。

2 意志力の増減を観察する

意志力が強い時間帯に「やる力」のチャレンジに取り組みます。

3 脳のエネルギー不足を解消する

血糖値を安定させる食べ物を効果的にとって意志力の低下を防ぎます。

4 自己コントロール力を強化する

目標を設定し、それを自分が決めた期間内に達成します。

5 「難しいほうを選ぶ」ことを繰り返す

「難しい方法を選択し続ける」ことで自己コントロール力を強化できます。

6 「望む力」を利用してやる気を出す

目標をあきらめそうになっても、モチベーションを意識し直せば、やる気が湧いてきます。

第4章

よいことをすると悪いことがしたくなる

意志力の問題で失敗するのは、自制心を失ったせいとは限りません。「よいことをすると悪いことがしたくなる」というモラル・ライセンシングの罠に注意しましょう。

自己コントロールを発揮して、がんばってやるべきことをやると、私たちはよいことをした気分になり、つい悪いことをしたくなってしまいます。

衝動買いをぐっと我慢した人が、家に帰ったとたんにおやつをぺろっと食べてしまったり、プロジェクトに膨大《ぼうだい》な時間を取られている社員たちが、会社のクレジットカードを当然のごとく私用に使ったり……。

心理学では、これを「**モラル・ライセンシング**」と言います。血糖値や意志力が低下したせいではなく、自分がいい気分になったせいで、「がんばったのだから、ごほうびがなくちゃ」と、自分の大切な目標を忘れ、誘惑に負けてしまうのです。

努力して、それをさらなる進歩につなげるためには、がんばった自分にまちがった「ごほうび」をあげるのではなく、がんばっている理由やモチベーションを思い出しましょう。そうすればやる気が出て、自己コントロール力が向上します。

モラル・ライセンシングとは？

→ よいことをした反動で、
自分を甘やかしたくなる現象

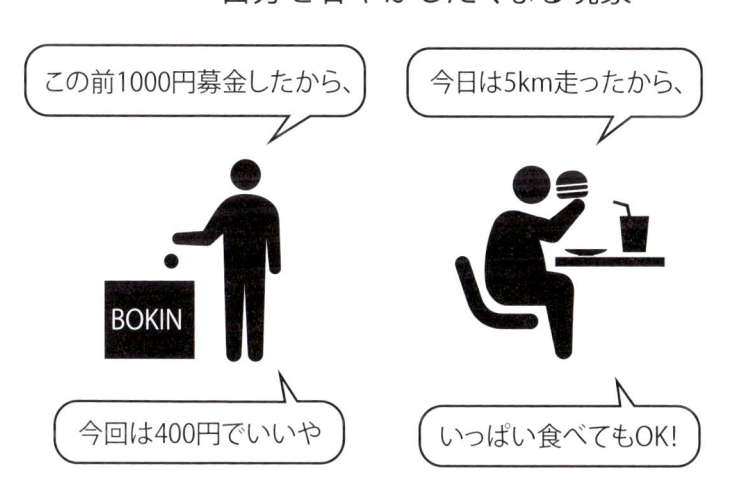

この前1000円募金したから、

今回は400円でいいや

今日は5km走ったから、

いっぱい食べてもOK!

- よいことをした
- がんばった

だから…
→

- 今度は自分の
好きなことをしよう
- 自分にごほうび!

これを続けていると、
目標から遠ざかってしまう!

「なぜ」を考えれば姿勢が変わる

「がんばった自分にごほうびを」と思っている自分に気づいたら、「なぜ」自分はがんばっているのかを改めて思い出しましょう。

香港科技大学とシカゴ大学では次のような研究を行いました。

自分が誘惑に負けなかったときのことを学生に思い出してもらったところ、モラル・ライセンシング効果による反動で、そのあと70％の学生が自分を甘やかす行動を取りました。

しかし、学生たちに「なぜ誘惑に負けなかったのか」という理由をたずねたあとは、69％が誘惑に負けませんでした。

「なぜ」という理由を思い出すと、ごほうびが目標を妨げる脅威に思えて、誘惑に負けて好きなことをするのが楽しそうに思えなくなるのです。

「なぜ」が目標達成のコツ

① ライセンシング効果
今日はどのくらい走ったんだ?
10kmです
明日はサボっちゃおうかな……
自分を甘やかす
② 誘惑に勝つ
何のために、今日も走ったんだっけ?
優勝したいからだ!
目標から離れない

意志力が強いと思う人ほど目標が遠のく

① ファーストフード店の実例

メニューに健康的な食品を加えた
ヘルシーサラダ新登場！
なぜか、ハンバーガーの売上が急増した
うえーん

② 原因は？

ヘルシーサラダ？これ、毎日食べよ！
そしたら絶対健康になるし！
でも、明日からでいいや……
ハンバーガーとポテト

あなたは昼食にファーストフード店に行きました。健康改善のため、太りそうなメニューを避けようと思っています。

新メニューにヘルシーなサラダを見つけたあなたは、ファーストフードを食べることへの後ろめたさがなくなりました。あなたは、何をオーダーしますか？

このような場合、多くの人はサラダではなく、ダブルチーズバーガーとフライドポテトなどを頼んでしまいます。「サラダはこの次に食べよう」という気持ちが働き、カロリーの高いものが食べたくなるのです。

「自分は意志が強い」と思っている人ほど「明日は今日と違う選択ができる」と思ってしまうので、要注意です。

Microscope
マイクロスコープ

こんな口グセ、ありませんか？

明日はがんばろう
あとでやれば大丈夫
今日は、まあいいや

「あとで取り返せる」と思ってる？

やるべきことを「あとでやればいい」と翌日に先送りした場合、ほんとうにちゃんとやれるのでしょうか？　翌日の自分の行動を観察してみましょう。

目標のためにやるべきことに取り組んでいるときに、ちょっと面倒になってしまい、「あとでやればいい」「今日はダメでも明日取り返せば大丈夫」なんて思うことはありませんか？

私たちは先のことを楽観視してしまうせいで、やるべきことを「あとでやろう」と思うだけでなく、「あとになれば簡単にできる」と思いがちです。明日も今日と同じように雑用に追われて忙しいだろうとは思いません。

そのため、今日はやりたくなくても、あとになればきっとできるはずだと思ってしまうのです。

やるべきことを後回しにしたときは、翌日の自分の行動を観察してみましょう。

先のことは楽観的に考えてしまう

エクササイズの器具の購入者への調査によると、
90%の器具はやがて地下室で
埃をかぶる運命にあることがわかりました。

この勘違いを明らかにしたのは、マーケティング学の教授であるロビン・タナーとカート・カールソン。彼らはエクササイズの器具を購入した消費者に、その器具をどのくらいの頻度《ひんど》で使うと思うかという質問をしました。

するとほとんどの参加者は楽観的な予想をしました。ところが2週間後、実際にエクササイズを行った回数を聞くと、案の定、予想より下回っていました。そこで、「次の2週間で何回エクササイズをしようと思っていますか」と尋ねると、前回はたまたま忙しかっただけだとでも言わんばかりに、前回の予想をさらに上回る回数を答えました。

私たちは「いま」よりも「あと」のほうが自由な時間があるはずだと勘違いしてしまうものなのです。

Experiment

意志力の実験

「明日も同じ行動をする」と決める

自分の選択の重みを考えよう

タバコを減らしたいときは…

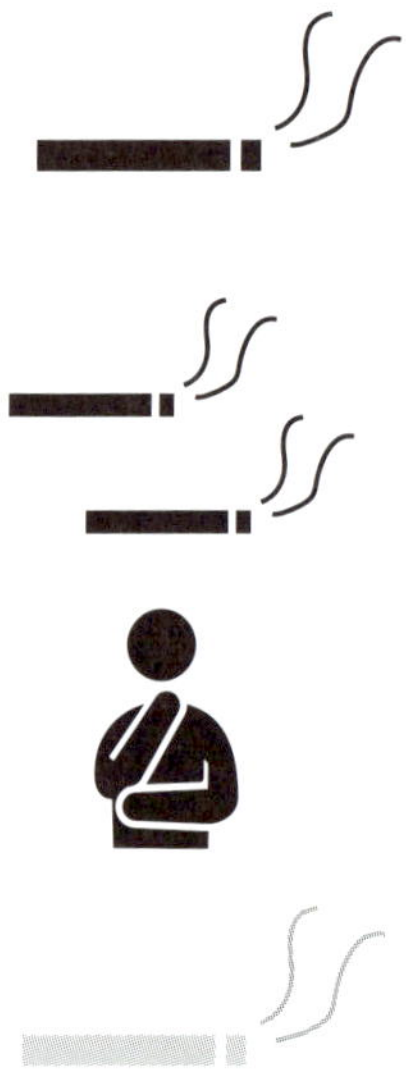

「毎日同じ本数を吸う」
というルールを決める

↓

たとえば、今日10本吸ったら
明日以降もずっと10本
吸わなければならない

↓

「こんなことをずっと
続けていいのか?」と自問

↓

重大さに気づき、
自然と本数が減る

日によって自分の行動にばらつきが出ないようにすることで、「こんなことを毎日続けていていいのか？」と自分に問いかけます。

行動経済学者のハワード・ラクリンは、自分の行動を変えたい場合、いきなりやめるのではなく、日によってばらつきが出ないようにすることから始めるとよい、と提唱しています。

たとえばタバコ。「毎日同じ本数を吸う」というルールを自分で決めると、「タバコの量を減らしなさい」と言われてもいないのに、自然と喫煙量が減ります。「明日から減らせばいいや」と言い訳ができず、明日以降も同じ本数をずっと吸い続けることの重みを感じるからです。

これを意志力のチャレンジに生かします。日によって自分の行動にばらつきが出ないようにし、自分の選択が将来に影響を及ぼすことを認識しましょう。

意志を骨抜きにする魔法のコトバに注意

脂肪ゼロ
なのに体重が
増えている！

脂肪ゼロ

ふわふわのチョコレートクッキーなのに、気分はすっかりヘルシー。「脂肪ゼロ」でもお砂糖はたっぷりのこの甘いお菓子を平らげれば、あなたの体重は確実に増えます。

健康にいいなら
毎日食べても
いいはずじゃ…

オーガニック

ふつうのクッキーでも、「オーガニック」と書かれていると、健康によく、カロリーが少ないかのように見えて、ダイエット中でも毎日食べても大丈夫だと思ってしまいます。

私たちは「魔法の言葉」のせいで正しい判断ができなくなることがあります。

その言葉とは、「1点買えばもう1点無料」「天然100%」「フェアトレード」「オーガニック」「脂肪ゼロ」「チャリティー」など。

レストランやマーケティング担当者は、99%悪いものに、たった1%のよいところをくっつけます。

自分にとって本当は望ましくないものでも、ほんの一部のよいところを誇張して見せられると、私たちはつい手を伸ばしてしまいます。

「魔法の言葉」に惑わされて、自分の長期的な目標に反した行動を取ってしまわないように注意しましょう。

第4章

よいことをすると悪いことがしたくなる

まとめ

「よいことをしたら悪いことをしてもいい」と**勘違い**をしないこと。

がんばっている理由を思い出すことで、**自己コントロール力**を上げることができます。

意志力を上げるために…

1 ごほうびで自分を甘やかさない

自分ががんばっている理由を思い出します。

2 「なぜ」という理由を思い出す

がんばっている理由を思い出せば、「自分へのごほうび」が目標の妨げになることに気づきます。

3 やることを先送りにしない

「明日やればいい」と思ってもなかなかできません。先送りはやめましょう。

4 毎日同じ行動をする

毎日同じ行動を繰り返すことを考えれば、その行動が将来に影響を及ぼすことが認識でき、自制心が働きます。

第5章

欲望を意志力の源にする

欲しいものを目の前にして、脳の「報酬システム」が神経伝達物質のドーパミンを放出すると、私たちは必死になって報酬（快感）を追い求めてしまいます。けれどもこの力を上手に利用すれば、やる気を出すこともできます。

脳には行動と消費を促進するために発達した**「報酬システム」**という部位があります。

脳は報酬が手に入りそうだと認識すると、**ドーパミン**という神経伝達物質を放出し、脳に指令を出して報酬を手に入れようとします。

ドーパミンが放出されると、神経が研ぎ澄まされ、欲望で頭がいっぱいになります。ドーパミンの働きで注意力はすべてそこへ向けられ、報酬のことしか考えられなくなるのです。

しかし、研究によって「ドーパミンには報酬を期待させる作用があるが、報酬を得たという実感はもたらさない」ことがわかりました。つまり、**ドーパミンの作用で欲しいものを追い求めても、満足感や幸福感は得られない**のです。

私たちの生活環境は、ドーパミンの効果を最大限に引き出し、次々と欲しいものを手に入れたくなるように仕組まれています。

ドーパミンが出るたびに衝動に従っていたら大変です。欲望に従って衝動的な行動に走っても満足感は得られないことを理解しましょう。

ドーパミンが出続けるとどうなる？

マギル大学のオールズとミルナーの実験

ラットの脳に電極を埋め込み、脳の報酬システムを
刺激して、ドーパミンを分泌させる

電気ショックの
快感を覚えたラットは・・・

・熱線の上でも
やけどをしながら
スイッチを押し続ける

・体力の限界が来ても、
電気ショックを起こす
スイッチを押し続ける

・エサが別の場所に
置かれても、電気
ショックの場所を
動かない

結論

① ドーパミンの作用で欲望に従い
快感を求め続けても満足感は得られない

② ドーパミンのせいで、時には
自己破壊的な行動に走ることもある

③「やらない力」を発揮するのは、
きわめて難しくなる

Microscope
マイクロスコープ

ドーパミンの「引き金」に気づく

私たちの身の回りには誘惑がいっぱいです。誘惑する仕掛けに気づき、衝動に流されないようにしましょう。

身の回りには誘惑がいっぱい…

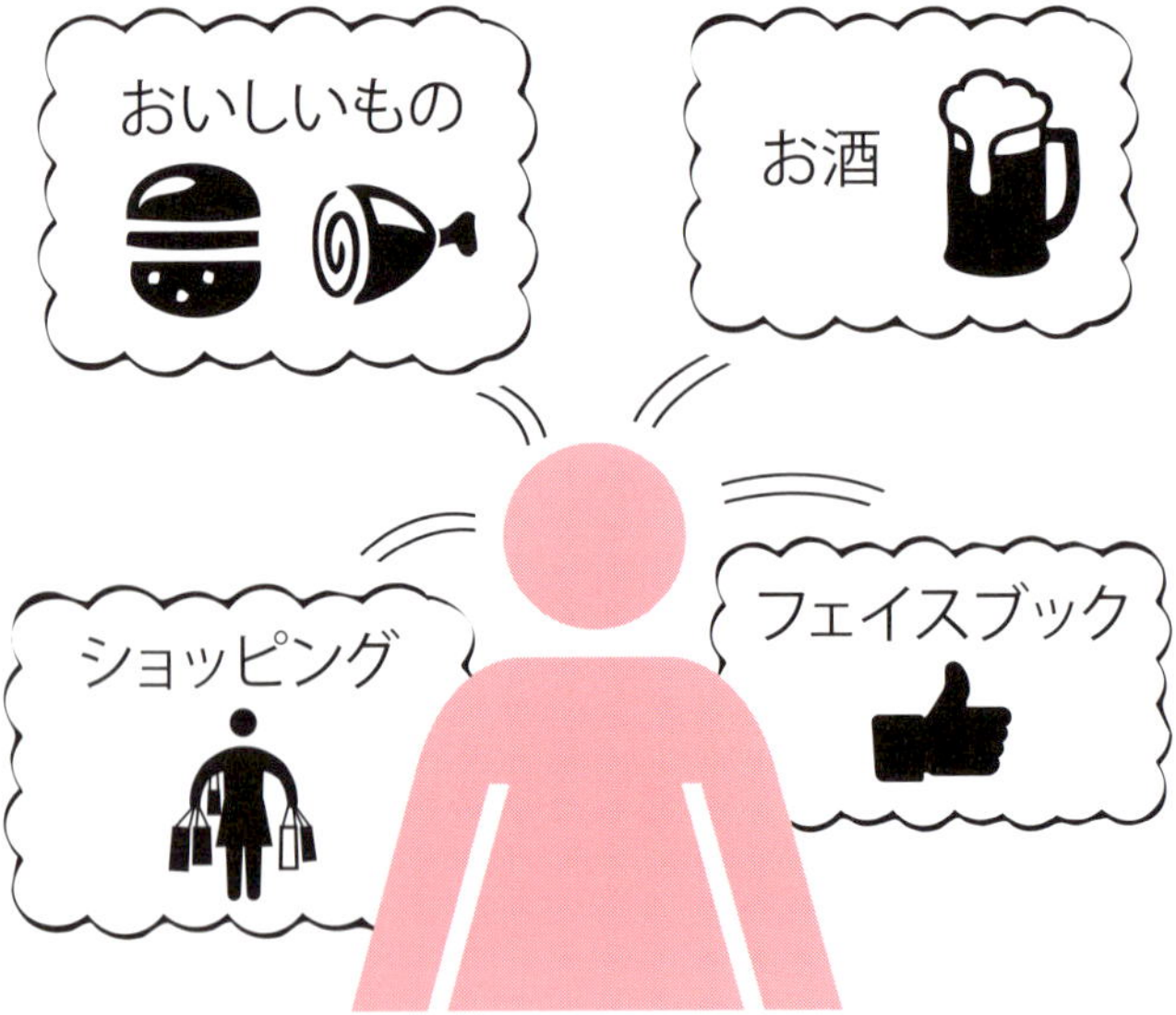

パソコン、フェイスブックに携帯メール。私たちはドーパミンの放出を促す道具が手放せません。まるで携帯電話やパソコンが脳に直接つながっていて、ドーパミンを絶えず刺激し続けているかのようです。

テクノロジーほど脳に依存性をもたらすものはなく、私たちはさらなる刺激を求めてしまいます。インターネットにどっぷりの生活は報酬の予感にふり回される最たる例です。

ゲームのデザイナーは、脳の報酬システムを利用してプレイヤーに、「次はすごいスコアが出せるかも」と期待させます。ゲームをやり続けると、大量のドーパミンが放出されるので、人はゲームに病みつきになってしまうのです。

「引き金」はこんなところにも潜んでいる

私たちを誘惑してドーパミン神経細胞を刺激し、お金を使わせようとする仕掛けに気づきましょう。

スーパー

・試食（試飲）コーナー
・パンやお菓子の香り
・入り口付近の目玉商品

価格のトリック

・1点買えばもう1点無料！
・タイムセール！
・現品限りの60％OFF！

広告

・テレビでスナック菓子のCMを見ると、冷蔵庫のドアを開ける確率が上がる

報酬を期待してドーパミンが放出されると、人は他のさまざまなものに誘惑されやすくなります。

私たちが買い物をする環境は、それを利用して私たちがつねにいろいろなものを欲しくなるように仕組まれています。

たとえばスーパーは客のドーパミン効果が最大になった状態で買い物をしてもらいたいので、お買い得の目玉商品を入り口や中央に並べます。

ショッピングセールの入り口で配布する割引券も、このような狙いや戦略があります。

このことに気づくと、私たちを巧みに誘惑してドーパミン神経細胞を刺激し、お金を使わせようとするさまざまなマーケティングの仕掛けが目に入ってきます。

「やる力」とドーパミンを結びつける

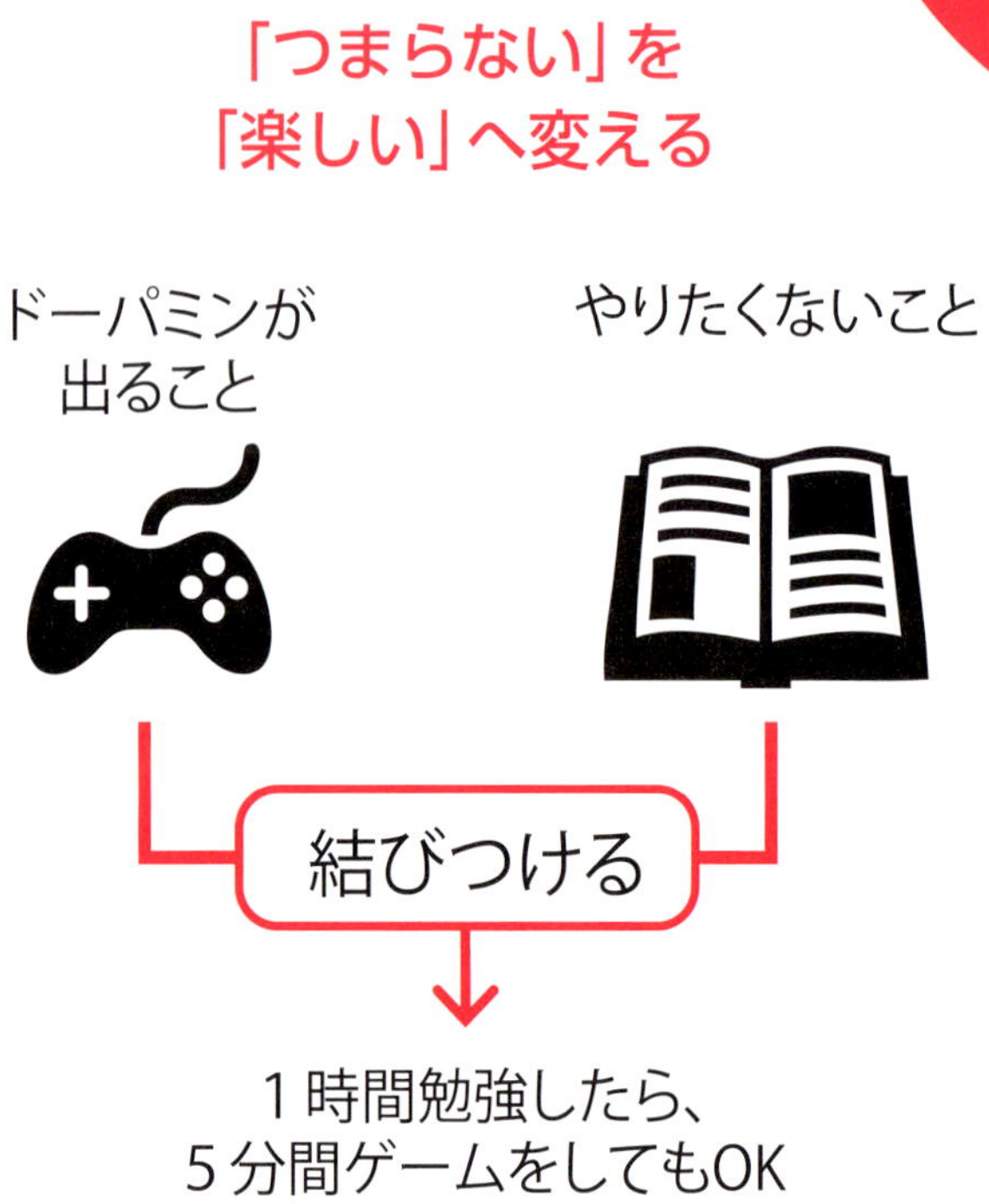
「つまらない」を
「楽しい」へ変える
ドーパミンが
出ること
やりたくないこと
結びつける
1時間勉強したら、
5分間ゲームをしてもOK

面倒なことは、ドーパミン神経細胞を活性化させるものと結びつけて楽しくやってみましょう。やる気を起こし、先延ばしにしていたことを片づけるための「ドーパミン化」です。

ドーパミンが放出されると「報酬の予感」が生まれ、私たちは欲しいものを手に入れるために必死になります。

このドーパミンの作用を利用して「やる力」とうまく結びつけ、面倒なことや先延ばしにしていることを片づけましょう。

具体的な報酬を設定すれば、つまらない作業でもやる気になります。

ある程度勉強をしたら少しだけゲームをする、面倒な仕事はお気に入りのカフェでホットチョコレートを飲みながら片づけるなど、自分なりに工夫してみましょう。

脳の報酬システムの「アメ」と「ムチ」

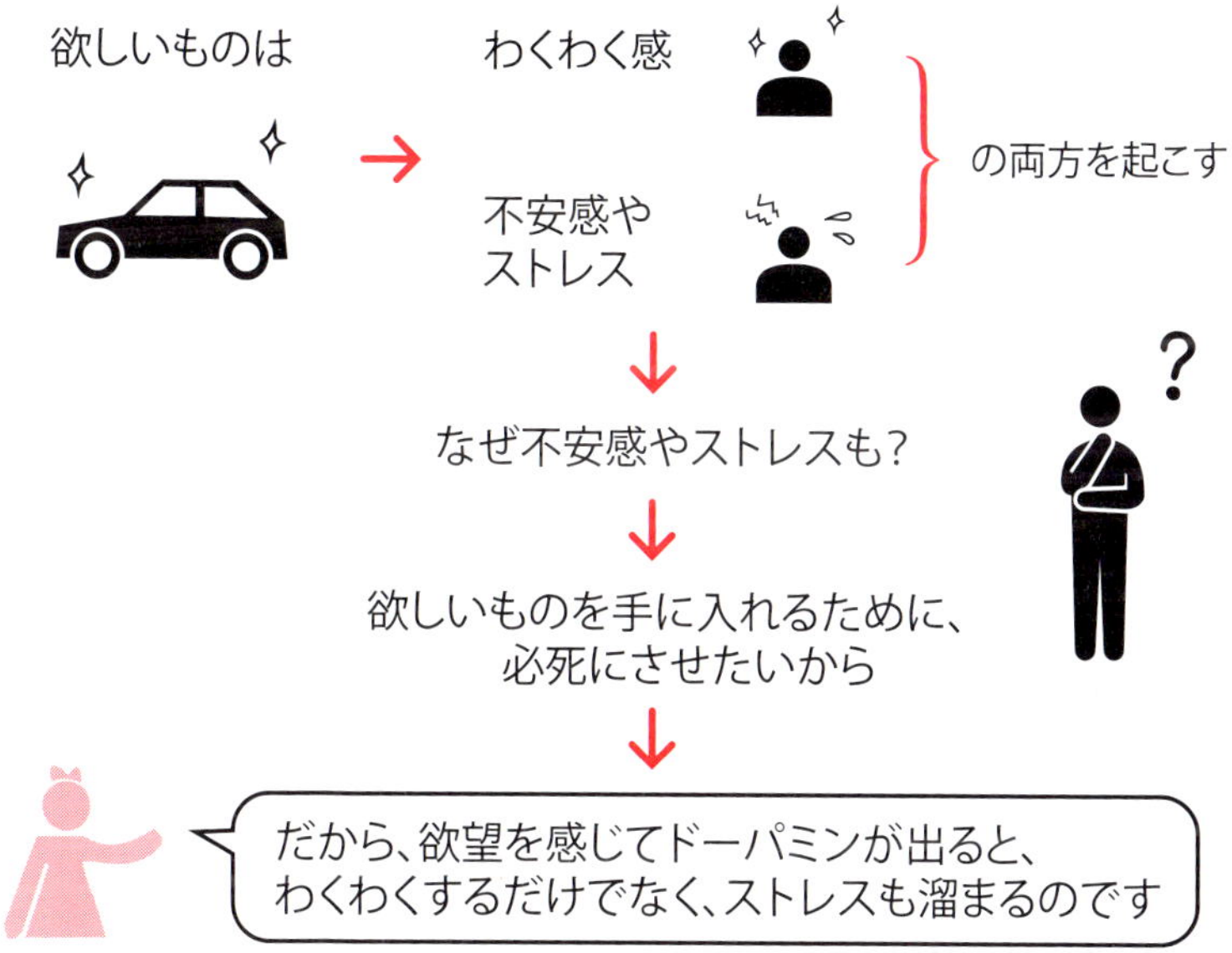
欲しいものは
わくわく感
不安感や
ストレス
の両方を起こす
なぜ不安感やストレスも?
欲しいものを手に入れるために、
必死にさせたいから
だから、欲望を感じてドーパミンが出ると、
わくわくするだけでなく、ストレスも溜まるのです

私たちに欲しいものを手に入れさせるために、脳の報酬システムは「アメ」と「ムチ」のふたつの武器を用意しています。

ひとつめの武器「アメ」は報酬への期待です。ドーパミンが、喜びを期待したり行動を計画したりする脳の領域に作用すると、欲望が生まれ、やる気が出ます。

けれども脳の報酬センターがドーパミンを放出すると、脳のストレスセンターにも信号を送り、ストレスホルモンが放出され、不安やストレスが生まれます。これが「ムチ」です。

この結果、欲しいものを期待すればするほど、不安が募《つの》ります。

私たちは欲しいもののせいでわくわくもすれば、不安やストレスも感じるのです。

Microscope

マイクロスコープ

欲望のストレスを観察する

衝動に従うと、こうなってしまう

買いたくて買ったのに…

食べたくて食べたのに…

会いたくて会ったのに…

飲みたくて飲んだのに…

満たされなかったのは、なぜ?

私たちは欲望でいっぱいになると、少しも楽しくないのに欲しいものを求め続け、自己破壊的な行動をとってしまいます。

私たちは欲望を感じているとき、期待感でいっぱいになります。

欲しいものを一心不乱に求め続け、その求めているものが手に入れば幸せになれると思い込んでいます。

報酬への期待があまりにも強烈なせいで、私たちは「満足」をもたらすどころか「悲惨な結果」を招くものを消費し続けます。

ドーパミンのおもな働きは報酬を追い求めることなので、ストップ信号を出すことなどありえません。

こうして脳内物質にあやつられて衝動に走ると、私たちは自己破壊的な行動をとってしまいます。

ドーパミンが判断を鈍らせる

ドーパミンにあやつられているとき、私たちの判断はいかに鈍ってしまうか。フィラデルフィアの映画館で行われた実験の例を見てみましょう。

① ポップコーンの甘い香りで、ドーパミンを放出させる

② 客の半分には、2週間前に作ったまずいものを渡した

③ それを食べた人は全員、まずいのに気づいた

④ しかし、ドーパミンのせいで皆、食べ続けた

コーネル大学のブライアン・ワンシンクの行った実験では、映画館に来た観客をふたつのグループに分け、ひとつのグループには作りたてのおいしいポップコーンを、もういっぽうのグループには2週間前に作ったまずいポップコーンを出しました。

　すると、おいしいポップコーンを出されたグループは6割を食べました。いっぽう、まずいポップコーンを出されたほうもひどい味とわかりながらやはり6割を食べました。

　味覚は動物にとって欠かせない感覚です。

　しかし、これすらもドーパミン神経細胞の作用によってマヒしてしまうのです。

Experiment
意志力の実験

快感の誘惑にわざと負けてみる

わざと誘惑に負ける実験をしてみましょう。以前より自分をうまくコントロールできるようになります。

「これをすればきっと楽しくなれるはず」と思うことがあるなら、思いきって誘惑に負けてみましょう。

報酬への期待が高まることで感じる期待や希望、興奮など、脳や体に起きている現象を観察するのです。

この実験を試した人はだいたいふたつのパターンに分かれます。

Ⓐ思っていたより少しの量で満足できることがわかった。

Ⓑ報酬の期待と実際に得たものがかけ離れていて、幻滅した。

いずれの場合も、以前より自分をうまくコントロールできるようになります。

誘惑をガマンせず、あえて楽しんでみる

↓ すると・・・

Ⓐ 思っていたより少しの量で満足できることがわかった

Ⓑ 期待していたほど楽しくなくて、幻滅した

2通りに分かれる

誘惑を感じても、自分をうまくコントロールできるようになります

「ほんとうの報酬」と「まやかしの報酬」を見分ける

「ほんとうの報酬」と「まやかしの報酬」を区別できるようになりましょう。たとえ誘惑にかられても、脳がつく大きなウソにだまされない分別がもてるはずです。

自分を目標に
- 近づける…ほんとうの報酬
- 遠ざける…まやかしの報酬

「まやかしの報酬」はあなたを幸せにしてくれましたか？

報酬を期待しても喜びを得られるとはかぎらず、報酬を期待しなくなれば喜びも感じない。報酬への期待が高すぎれば誘惑に負けるが、報酬を期待する気持ちがなければ、やる気も起きない。このジレンマに、簡単な答えはありません。

私たちの暮らしはテクノロジーや広告に囲まれており、私たちはつねに何かを求め続けながらも、満たされることのない日々を送っています。

もしいくらかでも自制心を手にしたいと思うなら、人生に意義を与えてくれるような「ほんとうの報酬」と、分別をなくして依存症になってしまうような「まやかしの報酬」とを、きちんと区別する必要があります。

第5章
欲望を意志力の源にする

まとめ

私たちの脳は**報酬**を期待すると必ず「**満足感**」が得られると**勘違い**するため、実際には**満足感**をもたらさないものでも必死に追い求めてしまいます。

意志力を上げるために…

1 ドーパミンの引き金に気づく

手に入れたくなる「報酬への期待」は何かを考えます。

2 欲望のストレスを観察する

欲しいと思う気持ちがストレスを感じさせているのに気づきましょう。

3 「やる力」とドーパミンを結びつける

先延ばししていることは、ドーパミン神経細胞を活性化させるものと結びつけて、やる気を起こします。

4 あえて誘惑に負けてみる

期待していたほど満足感が得られないことに気づくことで、自分をコントロールできるようになります。

第6章

「どうにでもなれ」が挫折につながる

失敗した自分を責めると、やけになったり落ち込んだりして逆効果です。自分を許し、失敗を繰り返さない方法を考えます。

ストレスを感じると脳は誘惑に負けやすくなり、禁煙や禁酒、ダイエットなどを破ってしまう恐れが高くなります。

ストレスによって「闘争・逃走反応」が起こると、脳は気分を安定させるために、気が晴れるようなことをしようとします。自己コントロールより、気晴らしが優先されてしまうのです。

意志力にとってもうひとつの脅威が「どうにでもなれ」とやけになってしまうことです。

たとえばダイエット中の人がケーキをひと口食べただけで落ち込んでしまい、「もうダイエットなんかムダ」とあきらめてしまうこと。**誘惑に負けた後ろめたさで、もっとダメになりたくなる**のです。

ちょっとつまずいたからといって、すぐに大きな失敗につながるわけではありません。危険なのは、最初につまずいたときに自分を恥じて後ろめたく思い、希望をなくすことです。失敗したら、失敗した自分を許しましょう。

自分を責めるよりも、自分への思いやりをもつことが自信につながります。

タバコの警告表示で、逆に喫煙が増える？

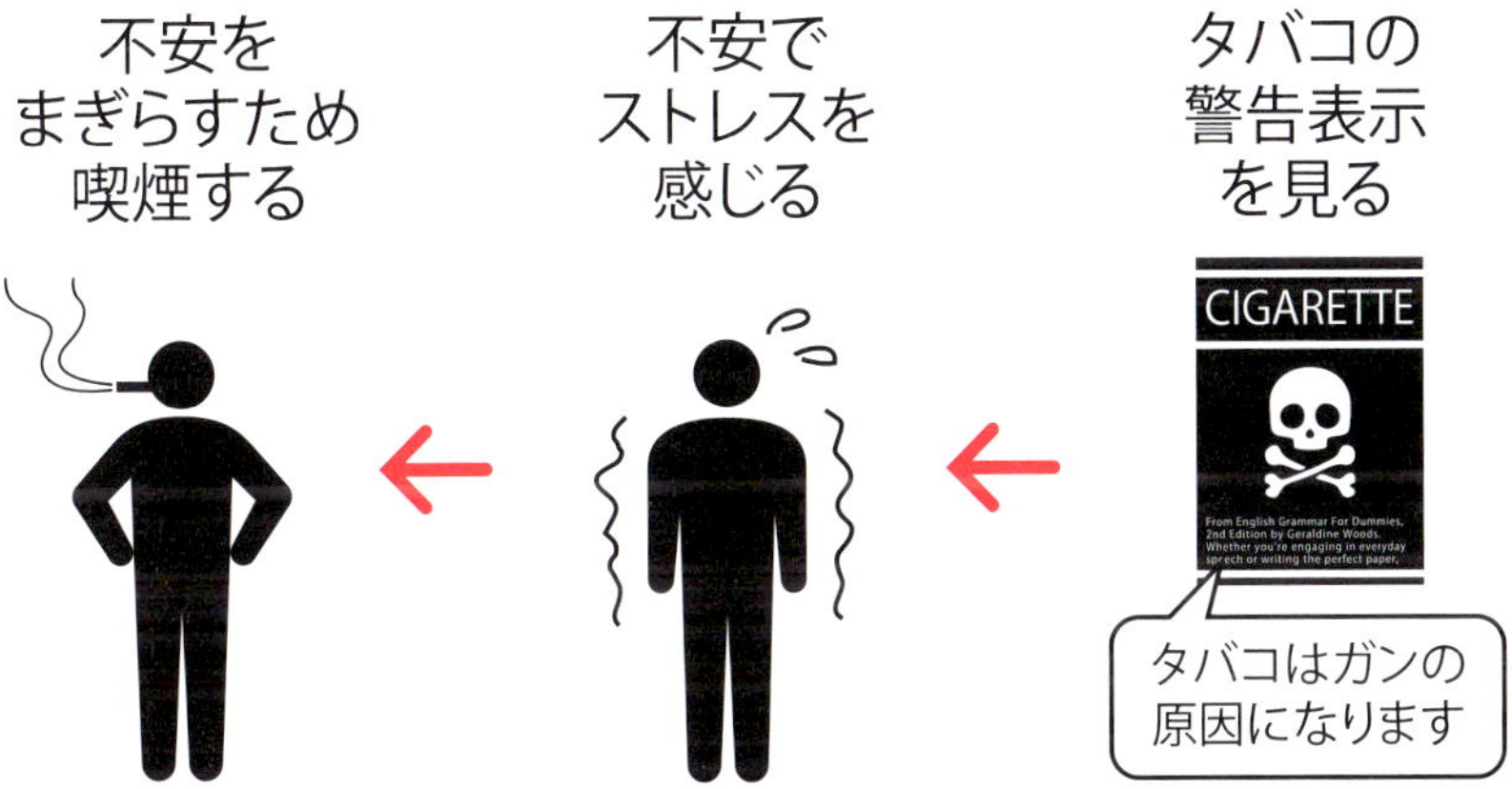
不安を
まぎらすため
喫煙する
不安で
ストレスを
感じる
タバコの
警告表示
を見る
CIGARETTE
From English Grammar For Dummies,
2nd Edition by Geraldine Woods.
Whether you're engaging in everyday
speech or writing the perfect paper.
タバコはガンの
原因になります

ストレスを感じると脳は誘惑に負けやすくなる

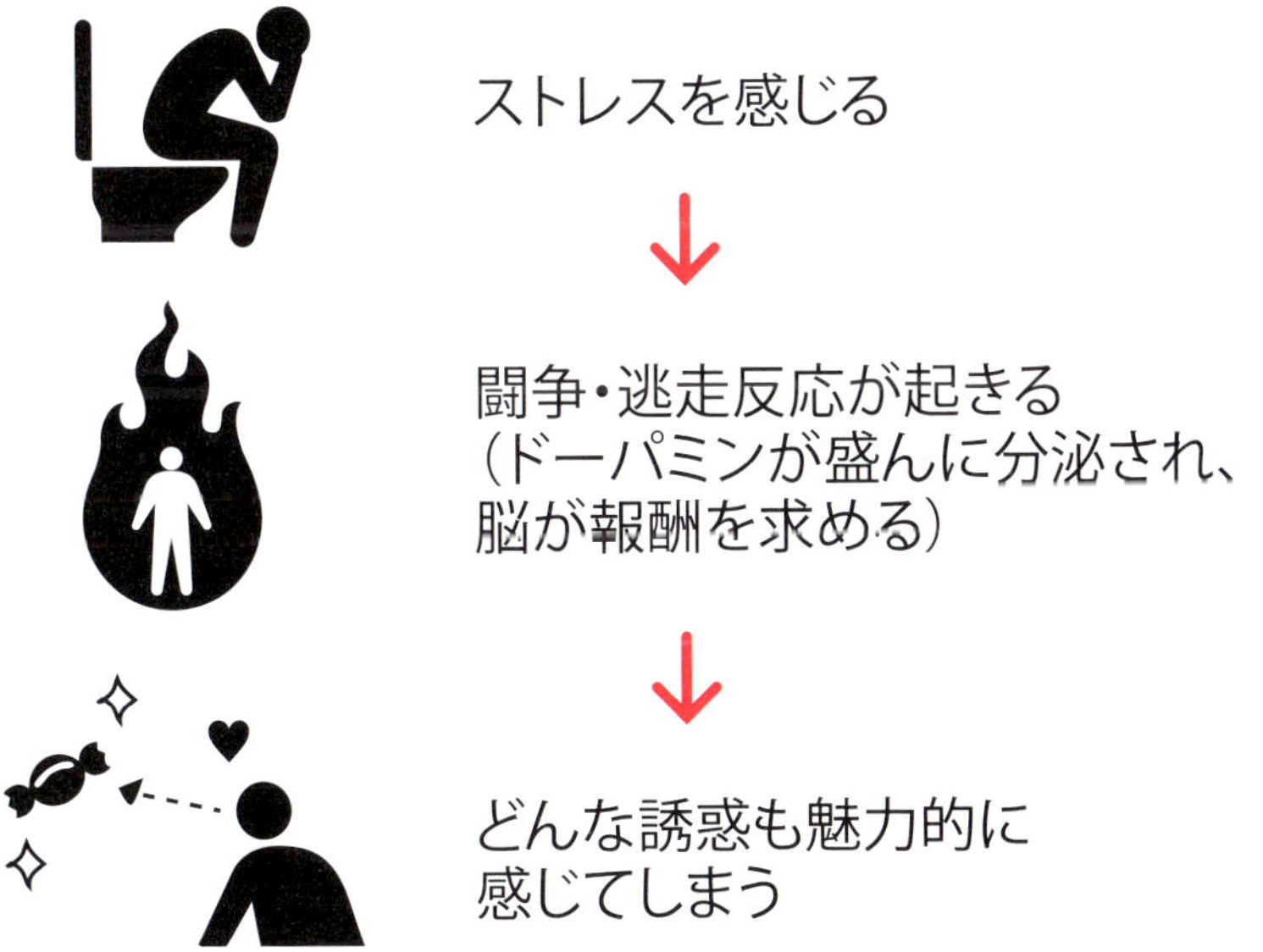
ストレスを感じる
闘争・逃走反応が起きる
（ドーパミンが盛んに分泌され、
脳が報酬を求める）
どんな誘惑も魅力的に
感じてしまう

効果的にストレスを解消する

米国心理学会の挙げる「効果的なストレス解消法」で、心身にリラクゼーション反応を起こしましょう。

効果的なストレス解消法

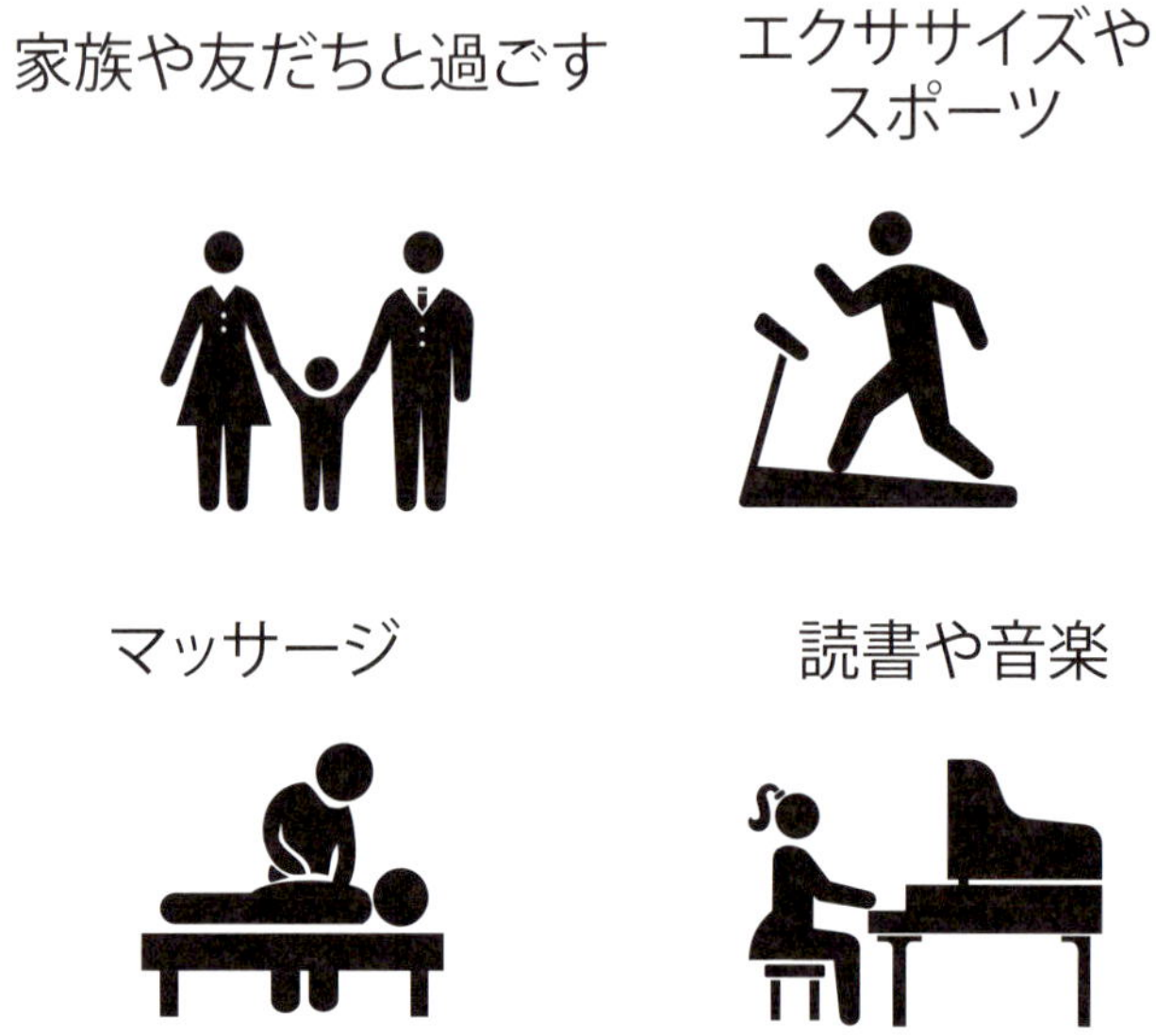

米国心理学会は、効果的なストレス解消法として、エクササイズやスポーツをする、読書や音楽を楽しむ、家族や友だちと過ごす、マッサージを受ける、などの例をあげています。効果が低いのは、ギャンブルやタバコ、お酒、やけ食い、テレビゲーム、などです。

効果的なストレス解消法は、ドーパミンの放出によって報酬を期待させるのではなく、セロトニンやガンマアミノ酪酸《らくさん》などの気分を高揚させる脳内物質や、オキシトシンなどの気分をよくするホルモンを活性化します。また、脳のストレス反応をシャットダウンし、体内のストレスホルモンを減らし、治癒《ちゆ》反応や弛緩《しかん》（リラクゼーション）反応を起こします。

「効果的な息抜き方法」を選べないのはなぜ？

ストレスが「ないとき」の脳 → 正しい判断が できる

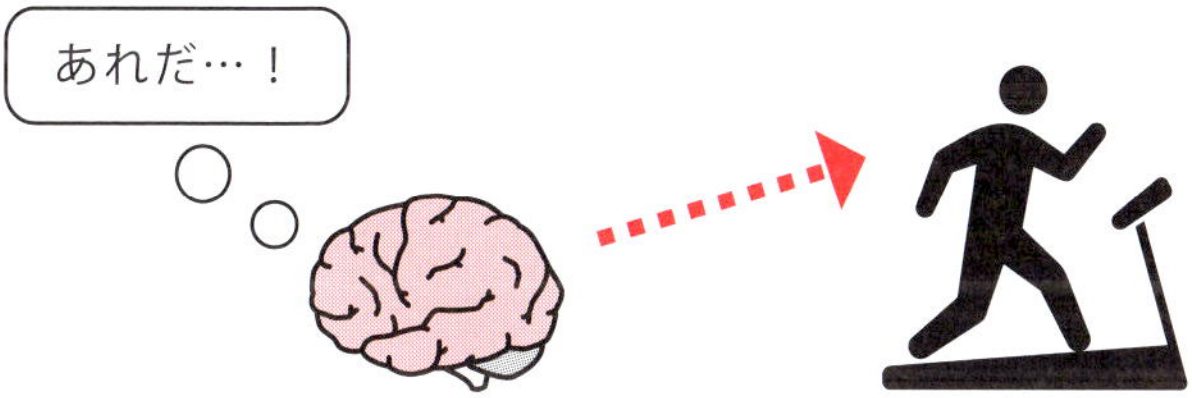

ストレスが「あるとき」の脳 → 正しい判断が できない

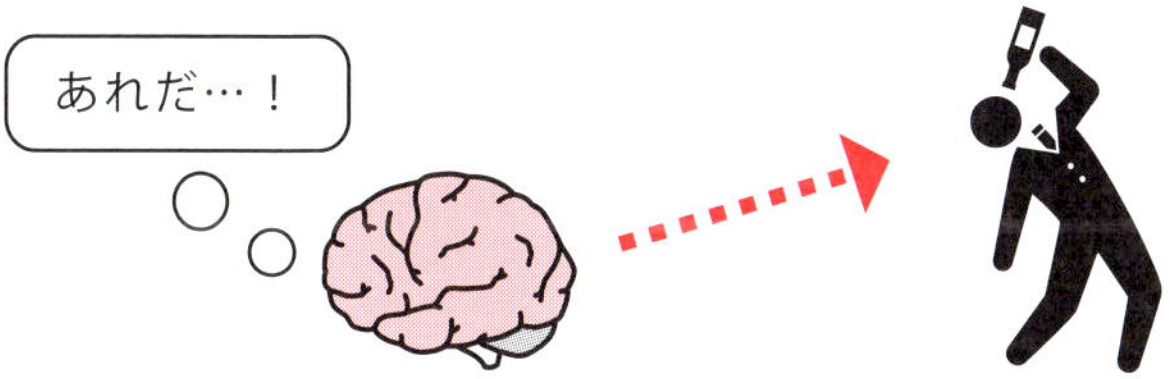

私たちが「効果的なストレス解消法」を忘れがちなのは、それらの方法に効果がないからではありません。

ストレスを感じているときの脳は、どうすれば本当に気が晴れるかについて正しい判断ができなくなってしまいます。

そのため、ドーパミンを放出して自分を興奮させるたぐいのまちがった方法を選んでしまうのです。

今度ストレスを感じて息抜きをしようと思ったときは、ぜひエクササイズをしてみてください。

あるいは、読書や音楽を楽しむといった効果的なストレス解消法を試してみましょう。

Microscope

マイクロスコープ

自分を許して自制心を取り戻す

自制心を発揮したいなら、自己批判は逆効果。自分を許すことで、失敗から立ち直ることができます。

私たちは自己コントロールには自己批判こそ不可欠だと思いがちです。しかし驚いたことに、罪悪感を抱くより、自分を許すほうが責任感が増します。なぜなら、自分を厳しく批判するより、自分に思いやりをもって失敗を振り返ったほうが、失敗したのは自分のせいだった、と認めやすくなるからです。そうすれば他人のアドバイスにも耳を貸せるようになり、失敗の経験から学ぶことも増えます。

　失敗した自分を責めると、罪悪感の反動で、ますますダメな行動をしてしまいます。これは「どうにでもなれ効果」と呼ばれる現象です。自制心を発揮したいなら、自己批判は逆効果なのです。

失敗したとき自分に何と言っているか思い出そう

これらの言葉はストレスを増やし、さらに破滅的な行動を引き起こす

なぐさめの言葉の効果

ダイエットを破った女性を集めた実験

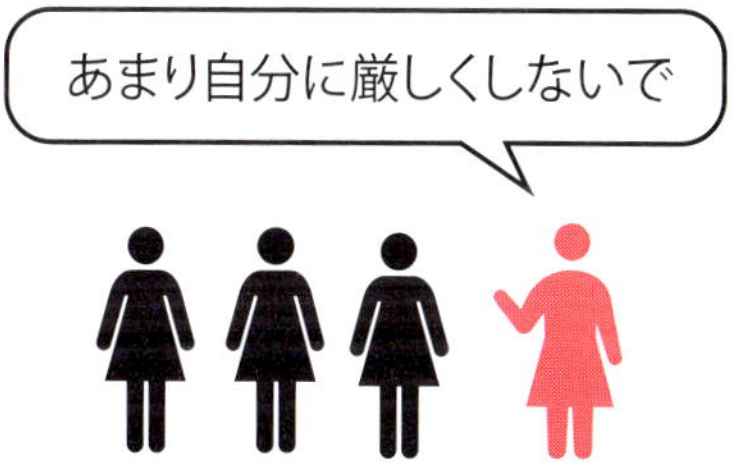

❶ なぐさめた場合

直後の実験で、お菓子を
28グラムしか食べなかった
（キスチョコ6個分）

❷ 何も言わなかった場合

直後の実験で、お菓子を
70グラムも食べてしまった
（①の2.5倍）

米国の心理学者がダイエット中の女性を集めて実験をしました。

目的は「自分を許すことで、どうにでもなれ効果の悪循環が断ち切れるか」の検証です。

まず、女性たちにはダイエットを破った罪悪感を覚えさせるためにドーナツを食べさせます。それから、女性たちはお菓子を好きな量だけ食べて味を評価するよう指示されました。試食の前に、半数の女性には「あまり自分に厳しくしないで」と温かい言葉をかけ、半数の女性には何も言いませんでした。

その結果、温かい言葉をかけられた女性たちが食べたお菓子の量は、言葉をかけられなかった女性たちの半分以下でした。なぐさめの言葉で、「どうにでもなれ効果」が緩和されたのです。

失敗を繰り返さないための方法

まちがいや失敗は誰にでもあります。重要なのはそのあとどう対処するか。罪悪感にさいなまれて失敗を繰り返す「負のスパイラル」から脱出する方法をご紹介します。

失敗したときに、自分に思いやりをもって接するためのエクササイズをやってみましょう。

あなたが誘惑に負けたときのことを具体的に思い出し、そのときの失敗について、3つの方法で考えてください。

❶失敗したときの気持ちを言葉にします。落ち着いて考えれば、心の中を見つめられます。

❷ときには理性を失ってしまうのは当たり前のこと。あなたと同じように失敗して苦しんだ経験のある人がいないか思い出しましょう。

❸親しい友だちが同じような失敗をしたら、どんな言葉をかけてあげたいか考えましょう。

失敗したときにこのような考え方をすれば、気を取り直してまたがんばることができます。

自分を許したほうが、意志力が強くなる

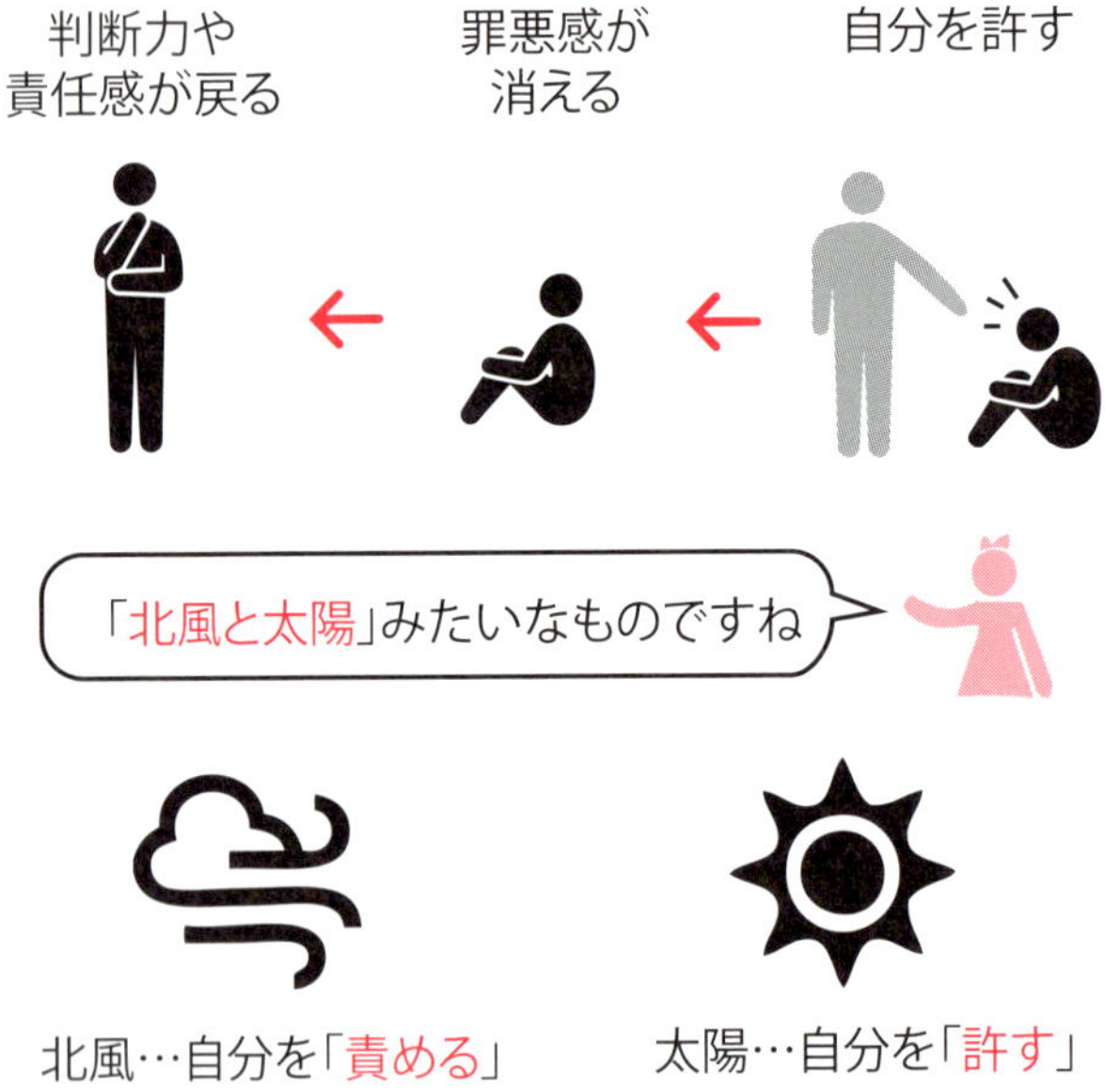
自分を許す
罪悪感が消える
判断力や責任感が戻る
「北風と太陽」みたいなものですね
北風…自分を「責める」
太陽…自分を「許す」

負のスパイラルから脱出しよう

1 失敗したときの気持ちを言葉にする

どんな気持ちがする?
体はどんな反応をしている?
・・・etc.

2 「人間だもの」と自分をなぐさめる

自分だけじゃ
ないよな…

同じように苦しんだり
失敗したりした経験の
ある人はいる?

3 友だちにかけてあげたい言葉を自分に言う

失敗しない
やつなんていないよ

友だちが失敗したら、
どんなことを言って
元気づけたい?

友だちがまた
目標に向かって進めるよう、
どう励ます?

決心だけで終わらない

「変わるんだ」と決心すれば気分がよくなりますが、期待通りにいかないと落ち込みます。その繰り返しにならないよう、継続できる具体的な目標を立てることが大切です。

決心と挫折を繰り返す

① 今日から僕は生まれ変わるぞ！
② 成功した姿を想像した瞬間だけは気持ちよくなる
③ 努力を始めると苦しい時期が続く
④ それであきらめる
みじめな自分を忘れるため、①に戻る

私たちは失敗すると罪悪感を抱き、自己批判をして落ち込みます。

ところが、「自分は変わるんだ」と決心すると、気分はたちまち晴れやかになり、生まれ変わった自分の姿を想像します。けれども、実際は思ったようにうまくいかず、しばらくするとよけいに落ち込んでしまいます。

変わろうという決心は、目先の欲求を満足させるには効果的です。

しかし実際に変わろうと努力を始めても、期待していたような変化はすぐには表れないため、こんなはずじゃなかった、と自信をなくしてしまいます。それで、みじめな自分を忘れるため、また「変わるんだ」と空しい決心をするのです。

「いつわりの希望シンドローム」は、なぜ起きる？

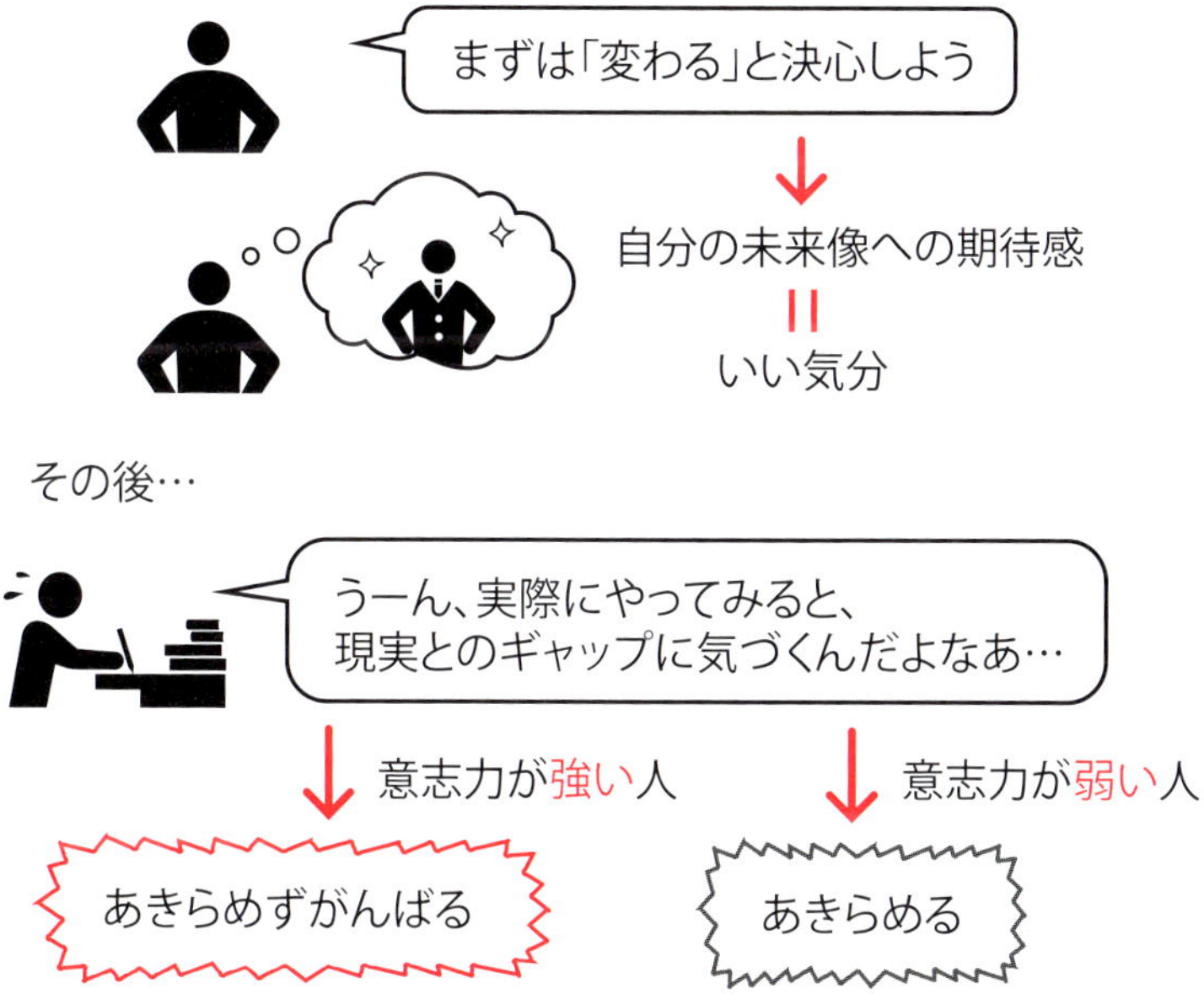
まずは「変わる」と決心しよう
自分の未来像への期待感
＝
いい気分
その後…
うーん、実際にやってみると、
現実とのギャップに気づくんだよなあ…
意志力が強い人
意志力が弱い人
あきらめずがんばる
あきらめる

変わろうと決心したあと、実際に自分を変える努力をしているときは苦しいことが続きます。

自制心を発揮してやりたいことを我慢し、やりたくないことをやらなければなりません。

それなら「変わる」という期待感だけ味わって、そのあとの苦しいことから逃げてしまえば、ずっとラクだし楽しいので、「簡単に目標をあきらめて、また決心する」という「いつわりの希望シンドローム」に陥ってしまいます。

落ち込んでいる気分から抜け出すために、とりあえず目標を立てては簡単にあきらめるということを繰り返さないようにしましょう。

Experiment
意志力の実験

決意を持続するためのシミュレーション

自分がいつどんなふうに誘惑に負け、目標をあきらめてしまうかを予想すれば、決意を持続できる確率が高くなります。

Ⅰ 失敗するときの状況を思い描く

自分は…

どんなふうに誘惑に負けるか？

どんなとき、目標を忘れるか？

どんな言い訳で、あきらめるか？

自分がいつどんなふうに誘惑に負け、目標をあきらめているかを理解する

自分が誘惑に負けそうになったり、目標を忘れそうになったりするのはどんなときか、やるべきことを先延ばしにするとき、自分にどんな言い訳をしているかを考えましょう。

次に実際に自分がそんな状況に陥ったところを想像します。そして、失敗するまでの様子をはっきりと思い描いてみます。

ストレスや意志力の問題で失敗するのを避けるには、ほんとうの意味で晴れやかになれる方法を見つけて、ストレス源から自分を守ることです。失敗しても自分を責めずに、許す思いやりをもちましょう。そうすれば、なげやりになって誘惑に負けたり、目標をあきらめたりしなくなります。

Ⅱ とるべき行動を思い描く

① モチベーションを思い出す

② 友だちに手を貸してもらう

③ これまでに学んだ方法を思い出してみる

自分の決意を守るための具体的な方法を考えましょう

失敗した様子を想像したあとは、成功した様子を思い描きます。そして、決意を守るためにはどんな行動をとればよいかを具体的に考えます。

自分のモチベーションを思い出すのもよいでしょう。友だちに手を貸してもらったり、これまでに学んだ方法を試してみたりするのもいいかもしれません。

試したい方法があれば、実際にやってみたところを想像します。

頭の中ではっきりと思い描くのがコツです。

うまくいった様子を想像し、成功した姿を思い描くことによって、目標を達成するために必要なことを着実にやっていく自信が生まれます。

第6章

「どうにでもなれ」が挫折につながる

まとめ

失敗して落ち込んでいると
「**誘惑**」に負けやすくなります。
自分を**責めず**に**許す**ほうが、
失敗の繰り返しを
防ぐことができます。

意志力を上げるために…

1 効果的なストレス解消法を試す

エクササイズやスポーツなど効果的なストレス解消法でリラクゼーション反応を起こします。

2 失敗の繰り返しを防ぐ

失敗した自分を許すため、3つの方法で考えます。

❶失敗したときの気持ちを言葉にする
❷同じように失敗を経験した人を思い出す
❸友だちが失敗したらどんな言葉をかけるか考える

3 まず失敗するプロセスを思い描き、次に成功した姿を思い描く

自分が誘惑に負けてしまう理由を理解し、目標を達成するための具体的な行動を考えます。

第7章

「将来の自分」を思い描く

私たちは将来の報酬よりもすぐ手に入る目先の報酬を選んでしまいがちです。でも、将来の夢や目標を思い出したり、将来の自分の姿を思い描いたりすることで、賢い選択ができるようになります。

２００７年、チンパンジーと人間の自制心を比較した興味深い研究が発表されました。19匹のチンパンジーと40名の人間（ハーバード大学とドイツのマックス・プランク研究所の学生）に、おやつをたくさんもらう競争をさせたのです。

まず、おやつを2つもらうのと6つもらうのとではどちらがいいかを選ばせたところ、チンパンジーも人間も6つもらうほうを選びました。次に、おやつをすぐに2つもらうか、2分待ってから6つもらうかを選ばせました。

すると、7割以上のチンパンジーが2分待ったのに対し、2分待った人間は2割以下でした。なぜ人間は忍耐力でチンパンジーに負けたのでしょうか？

人間にとっては、**報酬を得るために待たなければならない場合は、その報酬の価値が下がる**のです。これを経済学では**「遅延による価値割引」**と呼びます。

そのため、私たち人間は、欲しいものはすぐに手に入れないと気がすすまず、やりたくないことは明日に延ばしてしまいます。こうして人は目先の欲求を満たそうとして、何度も誘惑に負けてしまうのです。

チンパンジーと人間の自制心の違い

チンパンジーの答え

おやつを６つもらうために72%のチンパンジーが２分待った。

72%が待って６つもらった

人間の答え

２分待って６つもらうことを選んだのは、わずか19%だった。８割以上の人はすぐ手に入る満足（２つ）を選んでしまった。

19%しか待てなかった

遅延による価値割引

人間にとって、報酬を得るために
長く待たなければならない場合は
その報酬の価値が下がる

Microscope
マイクロスコープ

目の前の誘惑に負けないようになる

目の前に報酬があると、頭の中では欲求と自制心がせめぎ合います。遠い将来の目標を忘れないようにするためには、すぐ手に入る報酬を目の前から隠してしまうのもコツです。

ほとんどの人は心の中では誘惑に勝ちたいと願い、長期的な幸福に結びつく選択を望んでいます。けれども、目の前に欲しいものが現れると、短期的な目先の報酬に心を奪われ、肝心なときに意志力が働かなくなってしまいます。

大昔は、人間は目の前にある報酬（食べ物）をすぐに手に入れないと生きていけなかったので、脳の報酬システムがいまでもそのように反応してしまうためです。とはいえ、そのままでいいわけはありません。

誘惑に負けたり先延ばしにしたりするたび、あなたは将来のどんな報酬を棒にふっているのでしょうか？　そのことを冷静になって考えてみましょう。

人間は目の前の誘惑に弱い

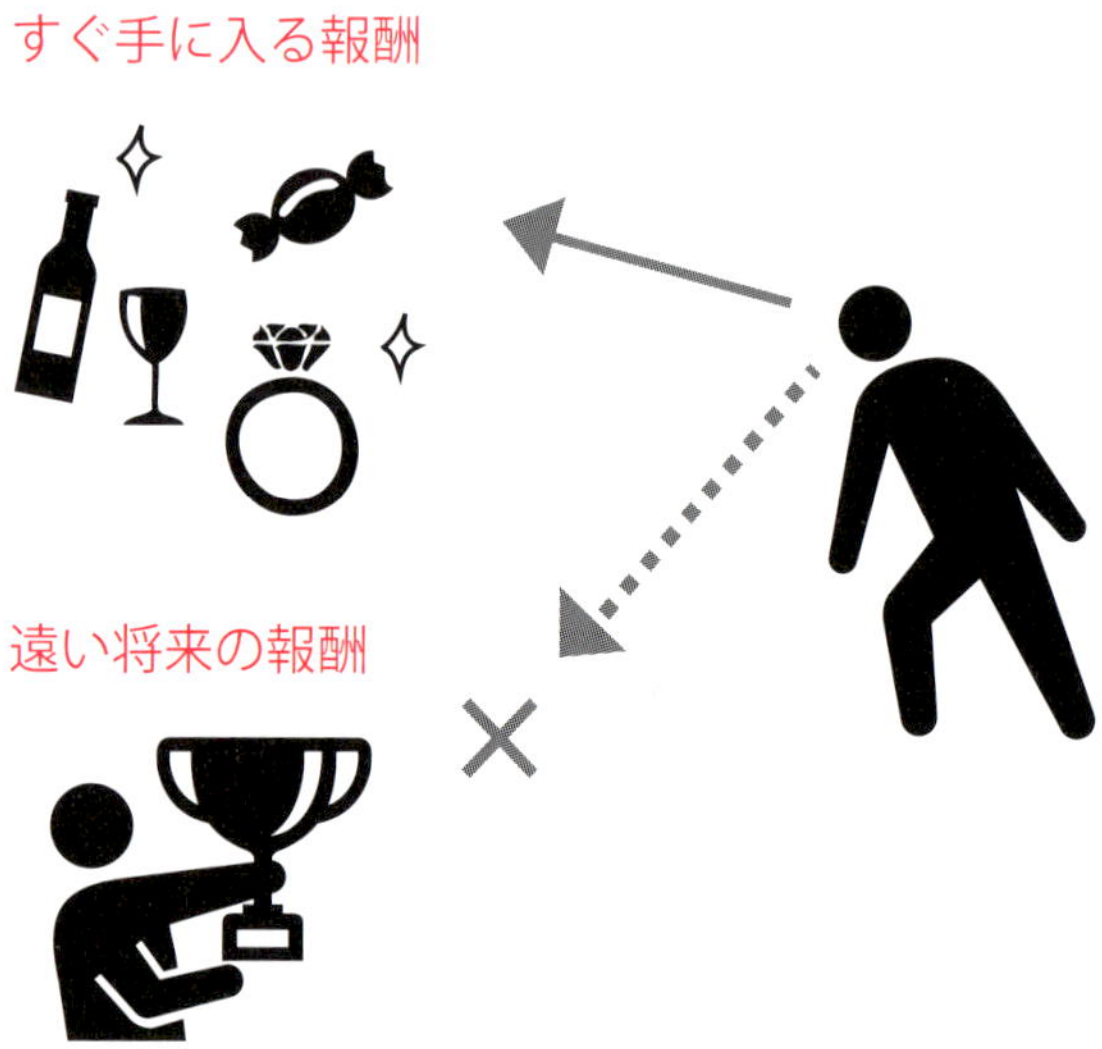

報酬から距離を置いて自己コントロールする

目の前に報酬が…
ない

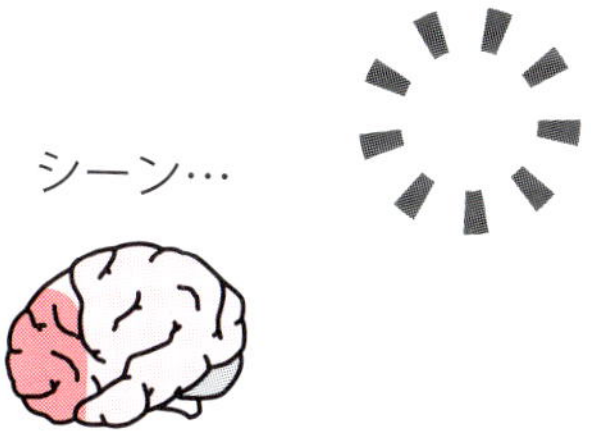

報酬システムが反応しない
↓
冷静に合理的な選択ができる

目の前に報酬が…
ある

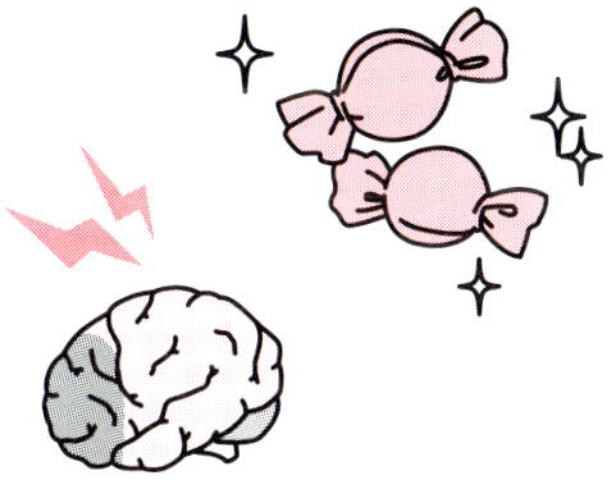

報酬システムが働き、
ドーパミンによって欲求が生まれる
↓
自制心を失う

脳は目の前の報酬に対しては原始的な欲求を満たそうとします。

逆を言えば、目の前に報酬がなければいいのです。

ある実験では、オフィスにおいてキャンディの入った瓶をデスクの上に置かずに引き出しにしまっただけで、社員のキャンディ消費量が3分の1に減ることがわかりました。

つまり、あなたと報酬とのあいだに少しでも距離があれば、脳は自己コントロールできる状態に戻ります。

自分の欲求を刺激するものがある場合は、目の前から隠してしまうことで誘惑を断ち切ることができるのです。

Experiment

意志力の実験

10分待って誘惑に打ち勝つ

目先の快楽に飛びつかないようにするために、誘惑を感じてもまずは10分間待って、賢明な判断をくだしましょう。

目先の満足を味わうために10分待たなければならない場合、脳はそれを「先の報酬」として解釈します。

すると、遅延による価値割引により、報酬への期待がそれほど起こらなくなります。

脳を落ち着かせて賢明な判断をさせるには、どんな誘惑に対しても必ず10分間は辛抱して待つようにします。もし、10分経ってもまだ欲しければ、手に入れてもよいのです。

待っている間は、誘惑に打ち勝ったあかつきに手に入る長期的な報酬を思い描きます。また、誘惑の対象からは物理的に距離を置いたり、見ないようにしたりするのが効果的です。

まずは10分待ってみる

タバコ
吸いたい…
誘惑
10分待つ
やっぱり
いいや
吸わない
まだ吸いたければ
吸ってもOK

「10分ルール」でタバコの本数を減らす

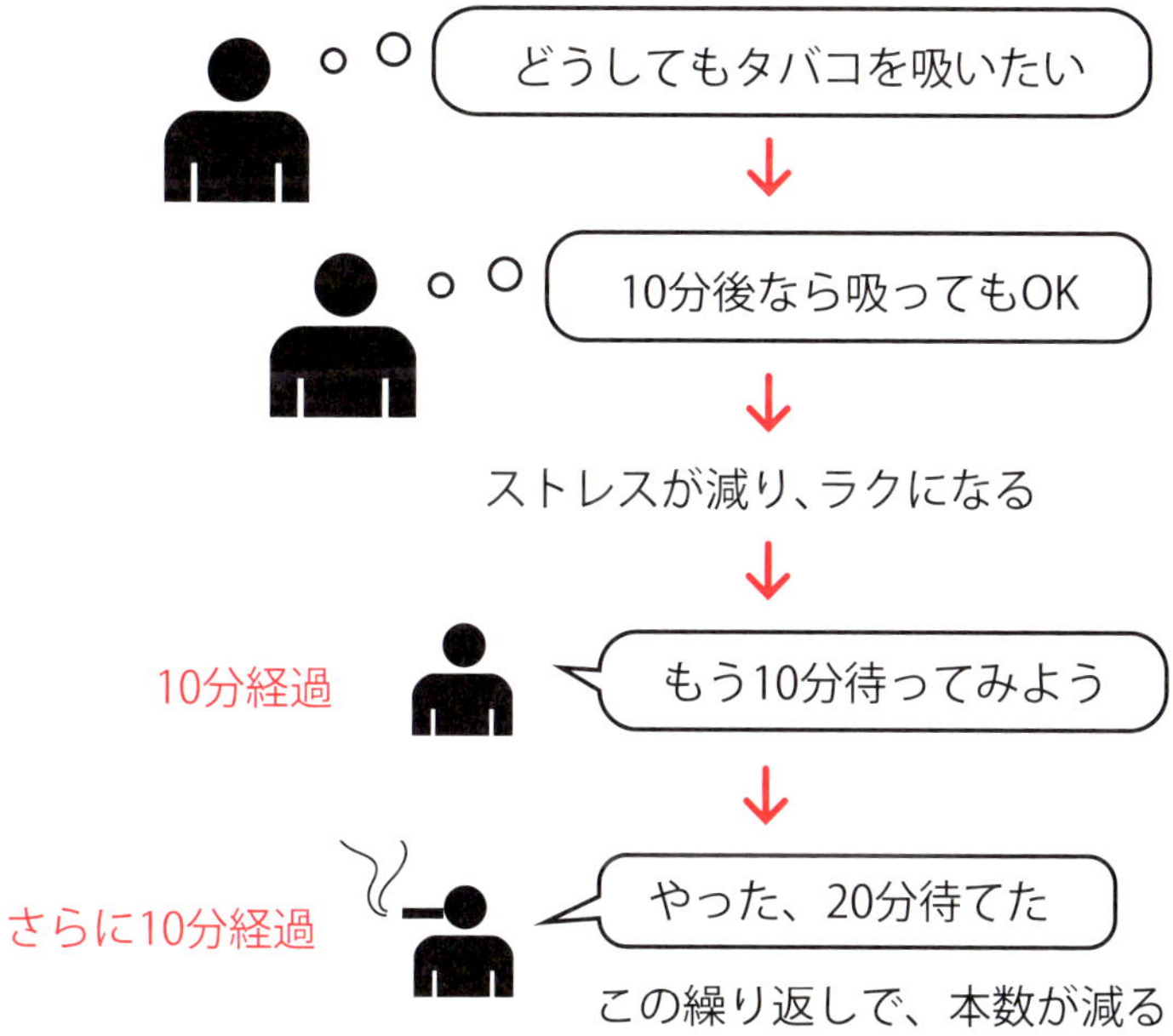
どうしてもタバコを吸いたい
10分後なら吸ってもOK
ストレスが減り、ラクになる
10分経過
もう10分待ってみよう
さらに10分経過
やった、20分待てた
この繰り返しで、本数が減る

キースは20年間も、禁煙したいと思いながら実行できずにいました。そこで、「10分ルール」を使って、タバコの本数を減らす決心をしました。

「絶対に10分待つ」というルールのおかげで、吸いたい衝動をどうにかおさえることができ、心臓疾患やガンになるリスクを減らしたいという自分の望みを思い出すことができました。

ときには10分待ったあげく吸ってしまうこともありましたが、タバコをやめようという意志はしだいに強くなりました。

やがて彼は10分待つことができたら、さらに10分待つことにしました。すると、まもなくタバコの量が2日でひと箱に減りました。そして、禁煙に対して自信をもったキースは自制心も強くなっていったのです。

Experiment
意志力の実験

誘惑に対して先手を打つ

誘惑に負けないよう、先に手を打っておきましょう。自分の弱点を把握すれば対策がわかります。

あなたの意志力のチャレンジ（課題）において、次の3つの方法のうちどれかを試してみてください。

❶誘惑にかられてまちがった判断をしないように、予防策を考えて実行する。

❷誘惑に負けそうになったときに、自分が最もやってしまいそうなことをやりにくくする方法を見つける。

❸自分にモチベーションを与える。自分なりの報酬や罰則を決めれば、目先の快楽がたいして魅力的に思えなくなります。

誘惑に負けないために
3つの手段で逃げ道をなくす

① 決めたことを実行する
ために先手を打つ

例）
ジムの会費を前払いする、
歯医者の予約をする

② 望んでいることと逆のことを
やりにくい状況をつくる

例）
クレジットカードを持ち歩かない、
目覚まし時計を部屋の隅に置く

③ 自分にモチベーション
を与える

例）自分なりの報酬や罰則を設ける

自分に合った方法を試してみましょう

3つの手段(具体例)

① 夢や目標を意識する

医学部への進学を希望するアミーナは、授業中でもフェイスブックが見たくなって集中できません。そこで、フェイスブックの誘惑にかられたら「こんなことで医者になれなくてもいいの?」と自分に問いかけるようにしました。さらに外科医姿の自分の合成写真をつくってパソコンの壁紙にしてやる気をアップさせました。

② 背水の陣で臨む

作家のジョナサン・フランゼンは、原稿を書くためにパソコンの前にいても、インターネットやゲームに気が散っていました。そこで、誘惑に負けて怠けないよう、パソコンを分解して不要なプログラムを削除し、インターネットへの接続ポートを壊してしまいました。

③ アメとムチを利用する

経済学者のイアン・エアーズは、誘惑に負けたら自分に罰を与えるサイトを立ち上げました。このサイトの特色は「ムチ」。たとえば、減量に失敗したり、決めた目標を達成できなければ、強制的にチャリティーにお金を寄付するなどの仕組みです。自分の決心を貫くのに役立ちます。

Experiment

意志力の実験

将来の自分に「会う」

私たちはつい将来の自分を過大評価してしまいます。いまの自分を変えるカギは、将来の自分をリアルに思い描けるかどうかにあります。

将来の自分はスーパーマン？

なぜか過大評価してしまう

あなたは、いまより意志力の強い未来の自分が現れて、大きな変化を起こしてくれるのを待っていませんか？

私たちは将来の自分のことを、まるで別人のようにとらえています。理想化して、いまの自分の手に負えないことでも、将来の自分ならできるはずだとたかをくくってしまうのです。

ところが、たいていはその未来が実際に訪れても、理想の自分などどこにも見当たらず、いつもの自分が決断を迫られることになります。

したがって、未来の自分に期待していたことは、さらにその先の自分へと先送りされるだけ。

「将来の自分と現在の自分は、同じ自分である」という認識が必要です。

将来の自分を身近に感じる実験

① 先のことを考える
来週は何をしよう？
② 将来の自分にメッセージを送る
送信予約などで
将来の自分にメールを書く
③ 将来の自分を想像してみる
挫折
成功
どっちがいい？

未来を現実的に感じ、将来の自分を身近に感じる実験を行いましょう。

頭の中で将来のことを思い描くと、脳はあなたの現在の選択が将来に及ぼす影響を、具体的にはじき出します。将来のことをリアルに感じるほど、将来の自分が後悔しないような意思決定ができるようになるのです。

長期的な目標の達成に向けて、いま自分がしようと思っていることをメールに書いて将来の自分に打ち明けてみるのも効果的です。そのようなメッセージに何を書こうかと考えてみるだけで、将来の自分とのつながりが強くなったように感じます。

将来の自分を想像することで、現在の自分の意志力が強くなります。細かいことまで具体的に思い描いてみましょう。

第7章

「将来の自分」を思い描く

まとめ

将来の自分を思い描けずにいると、
私たちは**誘惑**に負けたり、
物事を**先延ばし**にしてしまいます。
将来の自分と**現在の自分**の
つながりを**認識**すれば、
いま**やるべきこと**が見えてきます。

意志力を上げるために…

1 目の前の報酬から距離を置く

報酬を目の前から隠して誘惑を断ち切りましょう。

2 まずは10分待つ

誘惑を感じてもまずは10分待つというルールを設けると、しだいに冷静な判断ができるようになります。

3 誘惑に対して先手を打つ

誘惑に負けないよう3つの方法で予防策を講じます。

4 将来の自分とのつながりを認識する

将来の自分と現在の自分のつながりを実感すれば、いますべきことが見えてきます。

第8章

意志力は感染する

私たちは親しい人と同じような行動を取る傾向があります。そのため、他人の「意志力の強さ」にも「誘惑への弱さ」にも感染します。

アメリカ疾病《しっぺい》対策予防センターの調査結果によると、１９９０年に肥満率が15%以上の州はひとつもなかったのに対し、１９９９年には肥満率20～24%の州が18にもなり、２００９年には25%以上の州が33もありました。公衆衛生当局やメディアは、これを「肥満の感染」と呼びました。

肥満の問題に限らず、飲酒、喫煙、薬物、睡眠不足などについてもこのような感染パターンが見られます。つまり、**よい習慣も悪い習慣も、人から人へと感染する**のです。

無意識に誰かのまねをし、相手と同じ目標を抱くことを、心理学で「**目標感染**」と呼びます。

この目標感染のタイプはふたつ。自己コントロールが感染する場合と、自分を甘やかそうとする誘惑が感染する場合がありますが、私たちはとりわけ誘惑に感染しやすいようです。

肥満は感染する

※ニコラス・クリスタキスとジェームズ・フォーラーの研究で観察された例

姉妹が肥満になった場合

自分も肥満になる確率が
６７％も増加

友人が肥満になった場合

自分も肥満になる確率が
１７１％も増加

意志力の弱さは、ウイルスのように「感染」する
（同様に、意志力の強さも感染する）

Experiment

意志力の実験

意志力の免疫反応を強化する

一日のはじまりに目標を確認する

エミリー、あなたの目標は？
やせること！
それを忘れてしまうのは、いつ？
ケーキ屋さんの前を通るとき！

一日のはじめに自分の目標を確認することで、誘惑に対する抵抗力を上げましょう。

人は他人の欲求に必ず感染してしまうわけではありません。誰かが誘惑に負けるのを見て、逆に自己コントロールが強くなる場合もあります。心理学ではこれを「反作用的コントロール」と呼びます。自己コントロールを脅《おびや》かすものに対する免疫力のようなものです。

他人の欲求に対する免疫反応を強化するには、一日のはじめに自分の大事な目標を確認し、自分がどんな誘惑に負けて目標に反する行動を取ってしまうのかを考えましょう。

自分の目標をあらためて思い起こすことは、誘惑のウイルスからあなたを守るワクチンのようなもので、望ましくない欲求の感染を防いでくれます。

ルール違反の「形跡」を見ただけで感染する

駐車場にカートを放置
駐輪禁止の場所に駐輪
それを見た通行人たちは、
「他のルールまで」
無視し始めた

オランダのフローニンゲン大学の研究者らは、実験のため公共の場にわざとルール違反の形跡を残し、そこを通りかかった人たちの反応や行動を観察することで、ルール違反が感染することを突き止めました。

他人がルールを無視して好き勝手にふるまった形跡を見ただけでも、私たちは衝動に負けやすくなります。つまり、誰かが悪いことをするのを見ると、自制心が低下してしまうのです。

重要なことは、実際に誰かがルール違反をしている現場を見ていなくても、ルール違反に感染してしまうことです。病原菌をもっている人が通り過ぎたあとも、ドアノブに菌がしばらく残っているように、誰かがルールを破った形跡を見るだけで、自分も感染してしまう恐れがあるのです。

意志力の強い人を思い浮かべる

「鉄の意志をもつ人」のことを考える

禁煙できた
A先輩
15kgやせた
後輩B子

あの人なら…どうする？

私たちは親しい人や好きな人の意志力に感染しやすいようにできています。意志力の強い人をお手本にしましょう。

意志力の強い人のことを考えると、自分自身の意志力も強くなることが研究によって明らかになっています。あなたが取り組んでいるチャレンジに関して、模範となるような意志力の強い人はいますか？　同じ問題に取り組んで成功した人や、ぜひ見習いたいと思うような意志の強い人です。政治家やスポーツ選手、あるいはもっと身近な家族や友人に、そんな人がいるのではないでしょうか。

意志力をもう少し強くしたいと思うときは、お手本にしたい人のことを思い浮かべましょう。そして、「鉄の意志をもつあの人なら、こんなときはどうするだろう」と考えてみるのです。

親しい人や好きな人から感染しやすい

人間の脳は…

親しくない人のことは、
関係がない と考える

親しい人のことは、
関係がある と考える

親しい人の意志力ほど、
感染しやすい

肥満や喫煙などの社会的流行は、単純な接触では広がりません。互いに尊敬し合い、好意をもっている人たちのネットワークを通じて広まります。

ある実験では、成人の参加者たちに、まず自分のことを考え、次に母親のことを考えてもらい、脳スキャナーで脳の動きを分析しました。すると、脳の活動した領域はいずれもほとんど同じでした。つまり、私たちが「自分」と思っているものには、自分が大事に思っている人も含まれるのです。

私たちの自己意識は、他人との関係上で成り立っており、他人のことを考えることによってのみ、自分をとらえることができます。私たちの自己意識には、このように親しい人たちが含まれており、その人たちの選択が私たちの選択にも影響を及ぼすのです。

仲間のしていることをマネしたくなる

私たちは「よいことをしたい」と思うよりも「みんなと同じでいたい」と思う傾向があります。

自分は誰の影響を最も受けているかを考えてみましょう。

私たちは仲間がやっていることは、よいことであれ悪いことであれ、自分もやったほうが賢明だと判断します。

これは、心理学で「ソーシャルプルーフ」と呼ばれるものです。

すでにお話しした肥満や喫煙の感染も、この「ソーシャルプルーフ」のひとつです。

たとえば、ある学生がカンニングをするかしないかは、処罰の重さなどよりも、その学生が「他のみんなだってカンニングしている」と思っているかどうかに大きく左右されます。

誰の影響を最も受けていますか？

他人の失敗をまねてしまう３つのパターン

① 無意識にまねる

飲酒や喫煙など、さまざまな状況において、私たちは他人のしぐさや行動、欲求をいつのまにかまねしてしまいます。

② 感情に感染する

周りの人の不機嫌に影響され、自分まで不機嫌になってしまうことも。そんなときには気晴らしによけいな買い物をしてしまうかもしれません。

③ 誘惑に刺激される

誰かが誘惑に負けるのを見ると、私たちの脳はその誘惑に刺激され、自分もつられて誘惑に負けたくなってしまいます。

同じ目標をもつ仲間を見つけよう

努力することを「ふつう」にする

健康のために
ランニングを
続けたい
ランニングサークルに
入って仲間を作ろう

同じ目標をもっている人を探しましょう。仲間ができれば、努力するのが大変ではなくなります。

何か目標を立てても、ソーシャルプルーフの効果でせっかくの努力が妨げられることがあります。「自分だけがんばる必要なんてないのかも……」なんて思ってしまうことはありませんか？

もしそうなら、あなたができるようになりたいと思っていることを習慣にしている「仲間」に出会うことです。

どこかのグループに入ってもいいですし、目標の役に立つような雑誌を購読するのも方法のひとつです。

同じ目標をめざす仲間に囲まれていれば、「みんなやっていることだから」と、努力することがふつうに思えてくるでしょう。

「恥」や「プライド」の効果を利用する

恥の効果を利用する

私たちは人の目を気にします。プライドや恥などの社会的な感情は、私たちの選択に直接的な影響を及ぼします。「恥をかきたくない」と思うことや、社会的に苦い思いを味わいたくないと思うことが、自己コントロールにつながります。

落ちこんでいるときは要注意

罪悪感や恥のせいで気分が落ち込んでいるときは誘惑に負けやすくなります。誘惑に負けて何かをやらかした場合は、「どうにでもなれ効果」で意志力がなえてしまうので要注意です。

プライドが意志力の保有量を増やす

罪悪感を抱いていると、心拍変動が減少します。これは、意志力の保有量が減っていることを意味します。これに対してプライドは、意志力の保有量を増やしてくれます。プライドの効果を利用するには、他人が見ているつもりになるか、誘惑に打ち勝ったらみんなに自慢しよう、と考えるとよいでしょう。

Experiment
意志力の実験

認められたい力を利用する

自分が成功したら、喜んでくれる人のことを考える

成功したら…
家族も友人も
親方も兄弟子も
喜んでくれる…

目標を達成できたら喜んでくれる人のことを考えましょう。仲間と励まし合うのもよい方法です。

私たちは「人に認められたい」と、心の中でいつも思っています。

この人間の基本的な欲求を、自分を変える実験に利用しましょう。

意志力のチャレンジに成功したらどんなに自分を誇りに思うだろう、と想像するのです。

家族や友人、同僚、先生など、いつも大事なことを言ってくれる人や、あなたの成功を喜んでくれる人たちの顔を思い描いてみてください。

自分でも誇りに思えるような選択をしたときは、フェイスブックやツイッターなどのSNSで仲間に知らせましょう（SNSが苦手な人は、直接会って話すほうがいいかもしれませんね）。

目標の進捗状況を友だちと報告し合う

今日はプールで
1時間泳ぎました
ぼくはテキストを
10ページ進めました

励みになって、モチベーションが持続する

たとえばあなたが学生なら、クラスメイトの誰かとメールで連絡を取り合い、お互いに「自分の目標を達成するために次の週は何をするつもりか」を報告しましょう。

実際にこの方法を試したある学生は、何とか目標を達成できたのは、「自分でやると言ったことを本当にやったかどうか、相手に報告しなければならない」という義務感のおかげだったと話しました。やがてその相手とはほんとうの仲間として支え合う、よい関係になりました。

ふたりはしばらくのあいだ、毎週欠かさず次の週は何をするのかを報告し合いました。それをやめたときには、変化を起こそうと努力してきたことが、すでに習慣になっていました。

第8章
意志力は感染する

まとめ

自己コントロールは「ソーシャルプルーフ」の影響を受けます。そのため、私たちは他人の**意志力**にも**誘惑**にも**感染**します。

意志力を上げるために…

1 意志力の免疫反応を強化する

一日のはじめに自分の目標を確認し、自分はどんな誘惑に対して弱いのかを考えましょう。

2 お手本にしたい人のことを考える

意志力の強い人のことを思い浮かべ、こんなときはどうするだろうと考えましょう。

3 周りからの影響の強さを理解する

悪いところをまねしないように注意します。

4 同じ目標をもつ仲間を見つける

周囲に自分と同じ目標をもつ人がいれば、努力することがふつうに思えてきます。

5 目標の進捗状況を友だちと報告し合う

励みになってモチベーションが持続します。

第9章

欲求の波を乗り越える

思考や感情、欲求をムリに抑えようとするのは逆効果です。自分の欲求を受け入れ、乗り越える方法を学びましょう。

1985年、テキサス州トリニティ大学の心理学実験室で、心理学者のダニエル・ウェグナーが17名の学生に「これから5分間、シロクマのことを考えないでください」と指示しました。

すると、学生たちはシロクマのことを考えないようにしようと必死でしたが、気がつくとシロクマのことばかり考えてしまいました。このように、何かを「考えてはいけない」と思うと、かえってそのことが頭から離れなくなります。ウェグナーはこれを**「皮肉なリバウンド効果」**と呼んでいます。「皮肉なリバウンド効果」は、不安や憂うつ、ダイエット、依存症に関する最新の研究でも明らかになっています。頭の中で考えることに対しては、「やらない力」はまったく効果を発揮しません。「やらない力」の限界です。

ウェグナーはこの悩ましいジレンマの解毒剤として、「あきらめること」を提案しました。**頭に浮かんでくる考えをムリに抑えつけず、感じるがままに感じようと腹をくくる**のです。思考のコントロールをあきらめることで、かえって自分の行動を以前よりコントロールできるようになります。

思考のコントロールをあきらめる

OK、シロクマを考えない…
シロクマのことを考えないでください
う一、シロクマのことばかり考えちゃうよ…
「考えるな」と言われると、よけいに考えてしまいます
解毒剤
॥
コントロールをあきらめる

Microscope
マイクロスコープ

思考ではなく行動を自制する

思考を抑圧すると自制心が弱くなる

チョコレートのことを考えるのを…

禁止された人たち　　許可された人たち

直後の実験で、

「許可された人たち」の２倍も食べた

チョコレートをほとんど食べなかった

「考えるな」と言われると、考えたくなるのが人間です。思考の抑圧はかえって逆効果なので注意しましょう。

ロンドン大学セントジョージ校の心理学者ジェームズ・アースキンは、女性たちを研究室に招き、チョコレートの試食テストを行いました。チョコレートが運ばれてくる前に、一部の女性たちには「チョコレートについて思っていることを何でも自由に口に出してください」と指示し、いっぽうの女性たちには、「チョコレートのことはいっさい考えないでください」と指示しました。

その後、各参加者の前にチョコレートを20個ずつ配布したところ、チョコレートのことを考えるのを禁止された女性たちは、思考の抑圧がもたらす反動によって、他の女性たちの2倍近くもチョコレートを食べてしまいました。

行動だけを自制する実験

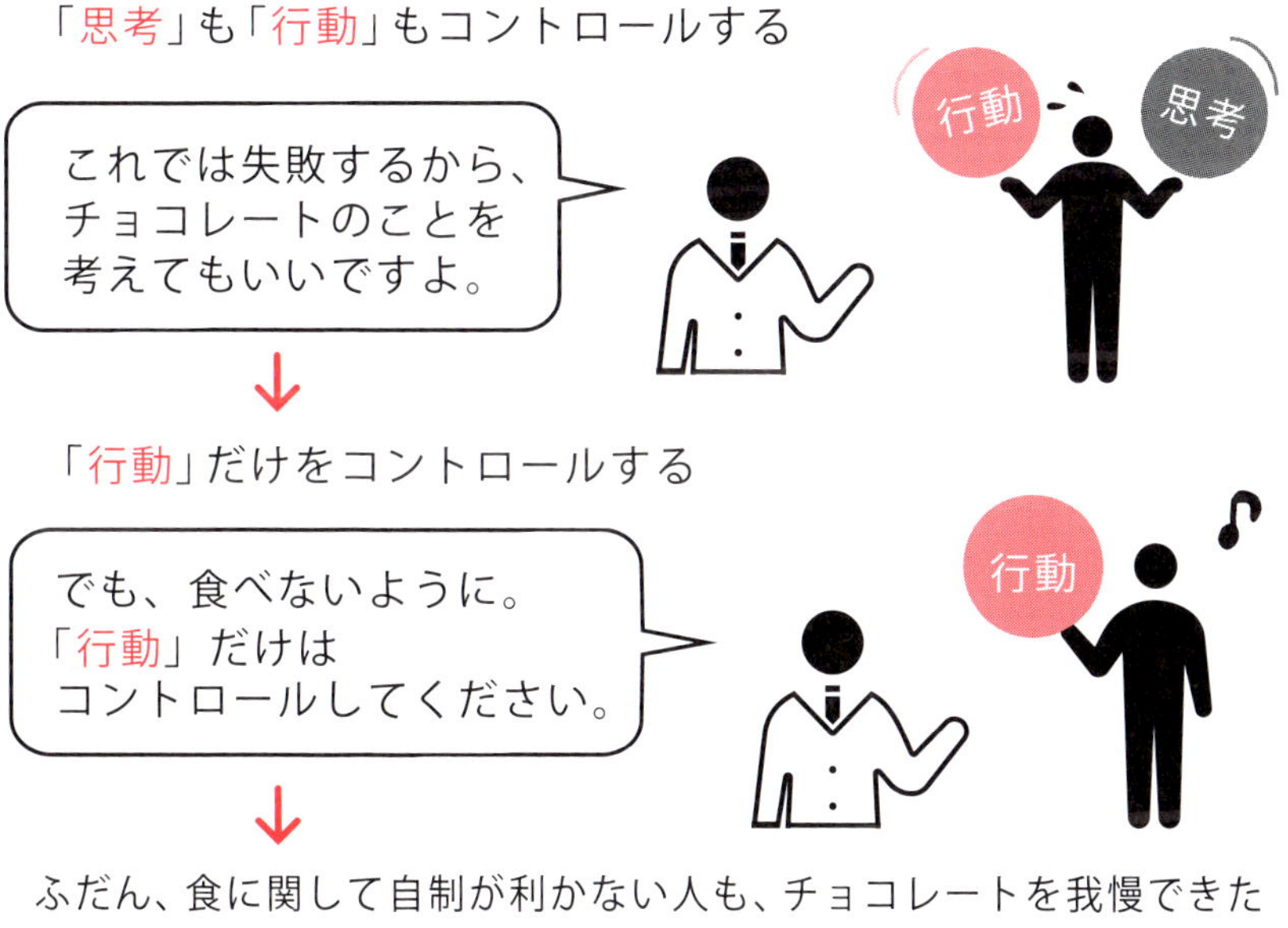
「思考」も「行動」もコントロールする
これでは失敗するから、チョコレートのことを考えてもいいですよ。
行動
思考
「行動」だけをコントロールする
でも、食べないように。「行動」だけはコントロールしてください。
行動
ふだん、食に関して自制が利かない人も、チョコレートを我慢できた

ある実験では、チョコレートが入った透明な箱を100名の学生に配布。48時間持ち歩き、箱の中のチョコレートはもちろん、他のチョコレートも食べてはいけないと指示しました。ただし、一部の学生には誘惑に負けないための効果的なアドバイスをしました。

その一部の学生たちは前述のシロクマの話と「皮肉なリバウンド効果」について説明を受け、食べたい気持ちをムリに消さなくていいけれど、欲求に従って食べないようにと指示されたのです。

「思考」はコントロールしなくてもいいけれど、「行動」はコントロールしなければならなかったこの学生たちは、「食べたい」という欲求が起きた回数が少なく、誰ひとりとしてつまみ食いをしませんでした。

Experiment
意志力の実験

欲求は受け入れても従わない

欲求を感じたときにうまく切り抜けるための4つのステップ。このように冷静に対処すれば、「欲求」は受け入れても、欲求を満たそうとする「行動」を抑えることができます。

欲求を感じても切り抜けるための4つのステップ

① 誘惑や欲求を感じていることに気づきましょう

② 欲求や気持ちを素直に受け入れましょう

③ 行動の選択ができることを認識しましょう

④ 自分にとって大事な目標を思い出しましょう

117ページで紹介したチョコレートの実験で、シロクマの話と「皮肉なリバウンド効果」を学んだ学生たちは、欲求を感じても切り抜けるための、4段階の方法をアドバイスされました。チョコレートやメールチェックなど、自分が手を焼いている欲求に対処するための方法です。

❶自分が誘惑や欲求を感じていることに気づいたら、❷その気持ちを素直に受け入れます（「皮肉なリバウンド効果」を思い出してください）。❸思考や感情はコントロールできないとしても、どう行動するかは選択できると認識します。❹あなたが大事な目標を達成するために、自分で決めて守っていることを思い出します。

「欲求」に従わないための「行動」を選択する

タバコを吸いたがる
自分に気づいたら…

全席禁煙のカフェに
入ってしまう

スナック菓子を食べたがる
自分に気づいたら…

おいしそうでヘルシーな
食事を試す

ネットサーフィンをしたがる
自分に気づいたら…

ネット以外なら
何をしてもいいことにする

P.118の③は、こうした欲求に従わないための
行動の選択肢を認識することです

「やらない力」を「やる力」に変える

「やる力」を利用する

あれもこれも
「食べてはいけない」
ではなく…

↓

「何を食べるべきか」を
自分で考える

↓

食欲をコントロールできる
ようになり、見事にやせた

「やらない力」でうまくいかない場合は「やる力」を利用すれば、いままで実現できなかった目標を達成することができます。

カナダのラヴァル大学の研究者たちは、「何を食べるべきか」（＝やる力）に注目した独自の健康プログラムをつくりました。

このプログラムでは、食品によってどれほど健康になり、喜びを得られるかを強調します。食欲に対して戦いを挑むのではなく、健康を追求するミッションにするのです。

こうした実験は、「やらない力」を「やる力」に変える方法に効果があることを証明しました。この実験によって参加者の3分の2は体重が減少し、16カ月後の追跡調査でもその体重を維持していました。

禁止するのをやめることが食欲コントロールにつながったのです。

「やらない力」を「やる力」に変える３つの方法

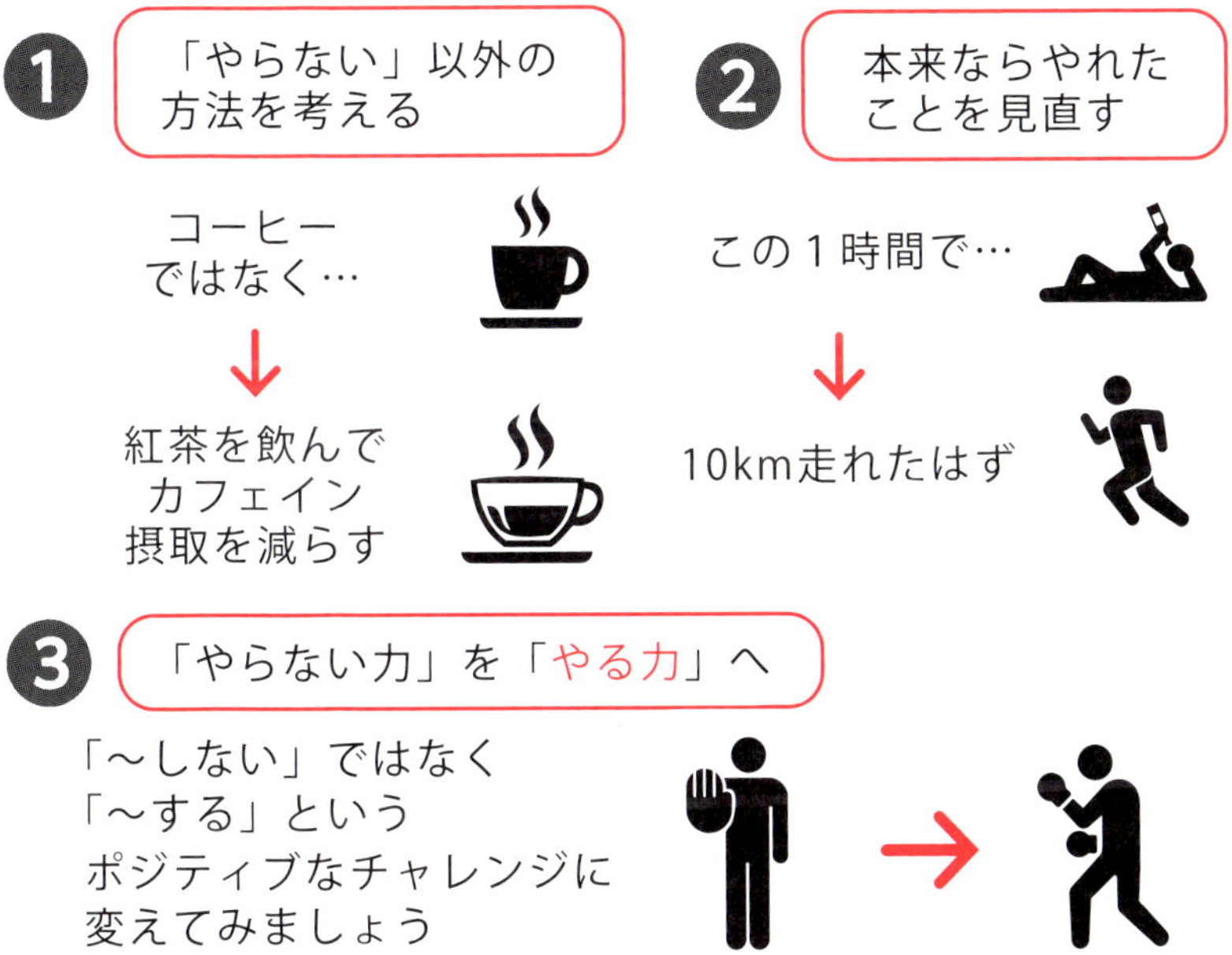
❶
「やらない」以外の方法を考える
コーヒーではなく…
紅茶を飲んでカフェイン摂取を減らす
❷
本来ならやれたことを見直す
この１時間で…
10km走れたはず
❸
「やらない力」を「やる力」へ
「～しない」ではなく
「～する」という
ポジティブなチャレンジに
変えてみましょう

あなたにとって最大の「やらない力」のチャレンジ（課題）について、上のどれかの方法を試し、以前とは逆の方向から攻めてみましょう。

❶悪い習慣の大半は、「ストレスを発散したい」など、何らかの効果を求めての行動です。悪い習慣をやめようと意識するより、目先を変えて新しい習慣を始めてみましょう。

❷「本来ならやれるはずなのにできていないこと」に注目するほうが、悪い習慣をやめようとするよりも、やる気が起きるかもしれません。

❸まったく同じ行動をするとしても、2通りの考え方があります。「遅刻しない」よりも「5分前に到着する」のほうがポジティブですよね。

自分の欲求をじっと見つめる

「欲求の波」を冷静に見つめる

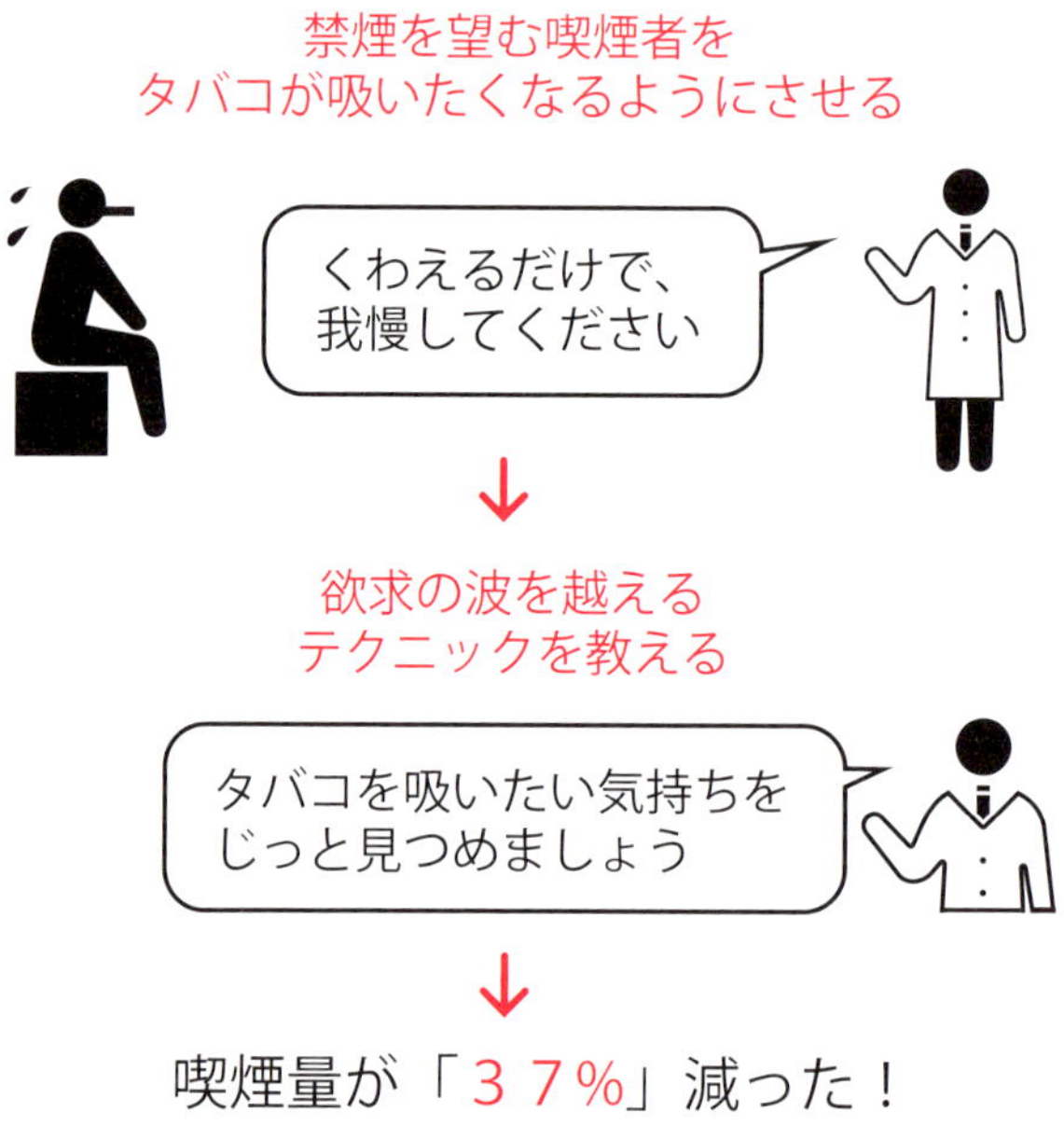
禁煙を望む喫煙者を
タバコが吸いたくなるようにさせる
くわえるだけで、
我慢してください
欲求の波を越える
テクニックを教える
タバコを吸いたい気持ちを
じっと見つめましょう
喫煙量が「37%」減った！

誘惑を感じても、欲求の波を乗り越えれば、衝動に従わずにやりすごすことができます。最高の自己コントロール法となるでしょう。

ワシントン大学嗜《し》癖《へき》行動研究センターのセアラ・ボーウェンは、禁煙をしたい喫煙者たちを密室に集め、実験を行いました。喫煙者たちの目の前にタバコを置き、決して吸わせずに、「タバコの箱を眺める」「箱をあける」「タバコを取り出す」「口にくわえる」などの行動を1時間半も繰り返し指示しました。

実験の前には、半数の参加者が「欲求の波を乗り越える」テクニックを学びました。それは吸いたくなったら無理に他のことを考えようとせず、心の中の衝動を観察すること。結果、このテクニックを学んだグループの人たちは喫煙量が37%も減りました。自分の欲求を冷静に見つめたことで自制心が強くなったのです。

欲求の波を乗り越えるテクニック

① 欲求の衝動を感じたら、
頭の中で「大きな波」を思い浮かべます。

② ムリに他のことを考えようとしたり
欲求を打ち消そうとしたりせず、
心の中の衝動をじっと見つめます。

③ みごとに波に乗っている自分を想像します。
波はいずれ消えてしまいます。

④ あせらずに時間をかけて習得しましょう。

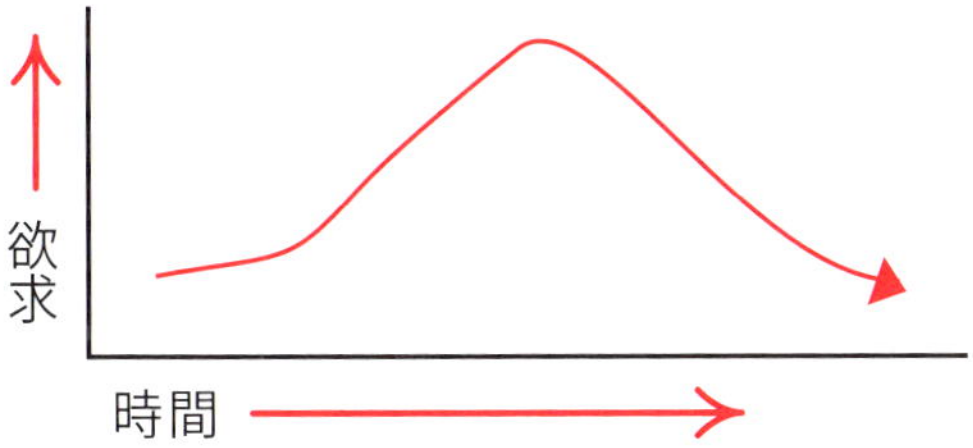
欲求
時間

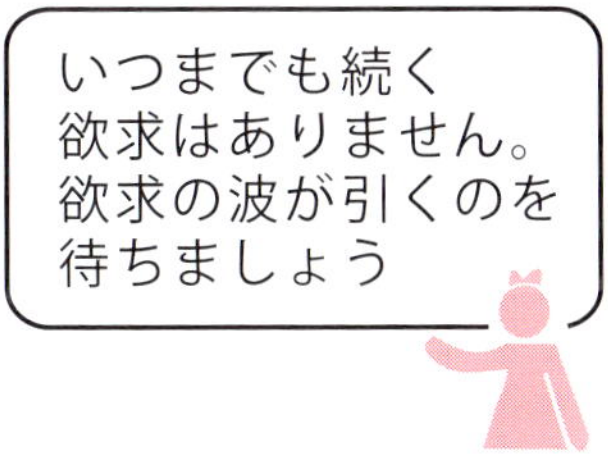
いつまでも続く
欲求はありません。
欲求の波が引くのを
待ちましょう

欲求によって衝動を感じたら、まずは落ち着いて自分の体がどのように反応しているかに注意しましょう。

そして、体に感じる感覚が強くなったり弱くなったりする様子を観察します。

衝動に従わずにいると、ますます衝動が激しさを増すかもしれません。それでもムリに他のことを考えようとせず、かといって衝動に従いもせずに、その波を乗り切れるかを試してみます。

欲求の波を乗り越える練習として、呼吸もおおいに役立ちます。呼吸の感覚に意識を集中し、息を吸ったり吐いたりしながら、欲求の波を乗り越えてください。

このテクニックは、あせらずにじっくりと時間をかけて習得しましょう。

第9章

欲求の波を乗り越える

まとめ

望ましくない感情や**欲求**をムリに抑えつけるのは**逆効果**。欲求を受け入れ、**欲求の波**を乗り越えたほうが、**自制心**が強くなります。

意志力を上げるために…

1 思考や感情をムリに抑えつけない

頭に浮かんでくる考えや感情をムリに抑えつけず、感じるがままに感じようと腹をくくります。

2 「行動」を自制する

欲求は素直に受け入れても、それに従って行動しないようにします。

3 欲求は受け入れても従わない

❶誘惑や欲求に気づく
❷素直に受け入れる
❸落ち着いて行動の選択を考える
❹大事な目標を思い出す

4 「やらない力」を「やる力」に変える

「〜しない」から「〜する」へ考え方をポジティブに変えます。

5 欲求の波を乗り越える

欲求の波を観察しながら、衝動が引いていくのを待ちます。

第10章

自分自身をじっと見つめる

自己コントロールで大事なのは「自分を見つめること」。自分の中のさまざまな面を理解しましょう。

繰り返し見てきたように、私たちの中にはひとりではなく何人もの自己が存在します。理性を失うことも、ぐっと踏みとどまって冷静さを保ったりよく考えて選択したりすることも、どちらも人間らしいことです。

自己コントロールとは、そのような自分自身のさまざまな一面を理解できるようになることであり、まったくちがう人間に生まれ変わることではありません。自己コントロールできる人は自分と戦ったりせず、自分のさまざまな面を受け入れ、うまく折り合いをつけています。

自己コントロールを強化するための「秘訣」があるとすればそれはただひとつ、さまざまなことに冷静に注意を向けることなのです。

最後に――
強い意志力を持ち続けるために

これからも科学者のようなものの見方で臨んでください。
新しい方法をどんどん試し、自分自身のデータを集め、得られた事実をじっくりと観察しましょう。
あっと驚くようなアイデアにもつねに心を開き、
失敗と成功の両方から学んでください。
効果のある方法を継続し、
学んだことを他の人たちと分かち合いましょう。

さまざまな人間らしい矛盾を抱え、
誘惑にあふれた現代に生きる私たちにとっては、
それが自分にできる最善のことです。
しかし、好奇心と自分への思いやりを忘れずにそれを行っていけば、十分すぎるほどの見返りがあるでしょう。

ケリー・マクゴニガル (Kelly McGonigal, Ph.D.)

スタンフォード大学の心理学者。ボストン大学で心理学とマスコミュニケーションを学び、スタンフォード大学で博士号(心理学)を取得。専門は健康心理学。心理学、神経科学、医学の最新の研究を応用し、個人の健康や幸せ、成功および人間関係の向上に役立つ実践的な戦略を提供する講義は絶大な人気を博し、スタンフォード大学で最も優秀な教職員などに贈られるウォルター・J・ゴアズ賞をはじめ数々の賞を受賞。ヨガ、瞑想、統合医療に関する研究をあつかう学術専門誌「インターナショナル・ジャーナル・オブ・ヨガ・セラピー」編集主幹を務める。邦訳書に、世界20カ国で刊行され、日本でも60万部を超えるベストセラーとなった『スタンフォードの自分を変える教室』『[DVDブック] 最高の自分を引き出す法』(ともに神崎朗子訳、大和書房)などがある。

図《ず》解《かい》でわかる

スタンフォードの自《じ》分《ぶん》を変《か》える教室《きょうしつ》

2014年5月25日　第1刷発行

監修者　ケリー・マクゴニガル
制作協力　神崎朗子《かんざきあきこ》
発行者　佐藤靖
発行所　大和《だいわ》書房
東京都文京区関口1-33-4
電話　03-3203-4511

装幀　水戸部功
カバー写真　公文健太郎
本文印刷　シナノ
カバー印刷　歩プロセス
製本所　ナショナル製本

STAFF
プロデューサー　松尾里央(ナイスク)
http://naisg.com
編集制作　ナイスク
(高作真紀/小宮雄介)
編集協力　山川稚子/倉田優子
図解・イラスト制作　藤井誠二
本文デザイン・イラスト　HOPBOX

ISBN978-4-479-79436-3

http://www.daiwashobo.co.jp

本書はケリー・マクゴニガル著、神崎朗子訳『スタンフォードの自分を変える教室』(2012年、大和書房刊)を図解化したものです。